高等卫生职业教育各专业通用

医学生实习手册

（第2版）

主　审：刘兴国（大庆医学高等专科学校）
主　编：李锐锋　王凤龙　贾淑芬
副主编：李淑文　刘德庆　王晓臣　文　程　薛宏伟

北京大学医学出版社

YIXUESHENG SHIXI SHOUCE

图书在版编目（CIP）数据

医学生实习手册 / 李锐锋，王凤龙，贾淑芬主编. —2 版. —北京：北京大学医学出版社，2023.6（2025.5 重印）
ISBN 978-7-5659-2913-7

Ⅰ.①医… Ⅱ.①李… ②王… ③贾… Ⅲ.①临床医学 – 实习 – 教材 Ⅳ.① R4-45

中国国家版本馆 CIP 数据核字（2023）第 100771 号

医学生实习手册（第 2 版）

主　　编：	李锐锋　王凤龙　贾淑芬
出版发行：	北京大学医学出版社
地　　址：	（100191）北京市海淀区学院路 38 号　北京大学医学部院内
电　　话：	发行部 010-82802230；图书邮购 010-82802495
网　　址：	http://www.pumpress.com.cn
E-mail：	booksale@bjmu.edu.cn
印　　刷：	北京瑞达方舟印务有限公司
经　　销：	新华书店
责任编辑：刘云涛　　责任校对：靳新强　　责任印制：李　啸
开　　本：	889 mm×1194 mm　1/32　　印张：8.75　字数：224 千字
版　　次：	2023 年 6 月第 2 版　2025 年 5 月第 2 次印刷
书　　号：	ISBN 978-7-5659-2913-7
定　　价：	38.00 元

版权所有，违者必究

（凡属质量问题请与本社发行部联系退换）

编 者 名 单

(按姓名汉语拼音排序)

安　陆（大庆市第五医院）
布秀娟（大庆医学高等专科学校）
陈文江（大庆医学高等专科学校）
陈　轶（大庆医学高等专科学校）
邓姗姗（大庆医学高等专科学校）
杜　光（大庆医学高等专科学校）
郭北松（大庆市第五医院）
贾　佳（大庆医学高等专科学校）
贾　奇（大庆医学高等专科学校）
贾淑芬（大庆市第五医院）
李剑峰（大庆市第五医院）
李　琦（大庆市第五医院）
李锐锋（大庆医学高等专科学校）
李淑文（大庆医学高等专科学校）
李松颖（大庆市第五医院）
梁　红（大庆医学高等专科学校）
刘德庆（大庆医学高等专科学校）
刘立新（大庆医学高等专科学校）
刘兆熙（大庆医学高等专科学校）
吕文涛（大庆医学高等专科学校）
吕秀霞（大庆市第五医院）
马雪真（大庆医学高等专科学校）
倪兴彬（大庆市第五医院）
苏　红（大庆医学高等专科学校）
苏婷婷（大庆市第五医院）
王凤龙（大庆市第五医院）
王　锐（大庆医学高等专科学校）
王晓臣（大庆医学高等专科学校）
文　程（大庆医学高等专科学校）
薛宏伟（大庆医学高等专科学校）
尹　英（大庆市第五医院）
张　宏（大庆医学高等专科学校）
张　晶（大庆医学高等专科学校）
张立峰（大庆医学高等专科学校）
周卫洁（大庆市第五医院）

医学生实习手册

(第 2 版)

系部：_____ 班级：_____

姓名：_____ 学号：_____

实习医院：_____

实习时间：____年__月__日至____年__月__日

目 录

实习大纲 / 1

　　护理专业实习大纲 / 3

　　助产专业实习大纲 / 18

　　临床医学（含影像方向）专业实习大纲 / 32

　　口腔医学专业实习大纲 / 47

　　口腔医学技术专业实习大纲 / 55

　　医学营养专业实习大纲 / 61

　　健康管理专业实习大纲 / 70

　　康复治疗技术专业实习大纲 / 80

　　中医康复技术专业实习大纲 / 88

　　中医学专业实习大纲 / 96

　　针灸推拿专业实习大纲 / 105

　　药学专业实习大纲 / 114

　　中药学专业实习大纲 / 129

　　药品经营与管理专业实习大纲 / 145

　　药物制剂技术专业实习大纲 / 156

　　医学检验技术专业实习大纲 / 171

实习手册 / 181

　　一、教学实习医院工作职责 / 182

目录

二、实习科室领导和带教指导老师工作职责 / 182
三、实习学生职责 / 183
四、实习学生的请销假管理 / 183
五、实习学生行为规范 / 184
出科考核表 / 186
出科成绩汇总表 / 246
实习总结 / 247
毕业实习鉴定 / 250

毕业实习工作管理办法 / 251

毕业实习工作流程 / 269

实习大纲

护理专业实习大纲

一、实习目的

毕业实习是教学过程中的一个重要组成部分，是理论联系实际、化知识为能力的重要教学阶段。通过实习，学生将所学的护理理论、护理知识、护理技能运用于临床，在实践中得到证实、锻炼、巩固和提高。培养学生成为具有实践能力和创新精神的实用型护理人才。

1. 进一步培养学生使其具有良好的护理职业道德，使其热爱护理事业，真正理解"以人为本""以人的健康为中心"的护理理念，能应用护理理论及相关知识，通过护理程序解决患者的健康问题，为服务对象提供全面的护理服务。

2. 使学生熟悉病区的各项工作制度和管理，了解临床最新护理技术，进一步巩固和加深理论知识，掌握常见病、多发病的护理基本理论、基本知识和基本技能。

3. 发展学生智能，培养学生评判性思维和创新能力，提高动态观察及瞬间判断力，使学生在临床护理的实际工作中能独立地分析和解决护理问题。

4. 培养健康教育、护理科研和护理管理能力。

5. 强化专业学习能力及继续探索和发展的能力。

二、实习科目及时间分配

毕业实习采用轮转方式进行，时间安排在第三学年，共计32周，具体安排如下：内科8周、外科8周、妇产科5

周、儿科 5 周、急诊科 2 周、重症监护室 2 周、手术室 2 周。

各医院可根据本院的实际情况略作调整。

在实习前期以运用护理程序对患者实施基础护理、培养沟通能力为主；实习中期以巩固专科知识、专业技能、临床护理能力、观察能力、思维能力培养为主；实习后期以培养独立工作能力、管理能力、临床教学能力、科研能力为主。毕业论文的撰写穿插于实习过程中完成。

三、实习内容与要求

（一）内科

1. 实习时间

实习时间为 8 周，主要在心血管科、呼吸内科、消化内科、神经内科、内分泌科等科室实习。

2. 实习目标

（1）能运用护理程序对内科患者进行病情观察和身心整体护理。

（2）能熟练地对内科患者进行护理评估，制订护理计划。

（3）能给患者进行全面护理查体。

（4）能熟练进行内科急危重患者的抢救配合及护理。

（5）熟悉内科常用药物的作用、不良反应、剂量、用法。

（6）能熟练进行内科常见的护理技术操作，书写内科常见疾病的护理记录。

（7）能运用沟通技巧，对内科患者及家属进行健康教育。

3. 实习内容

（1）学习要点（各内科通用）：①结合实际，应用护理程序对内科各系统常见疾病患者实施整体护理。②对患者进行身心评估，书写内科常见疾病的护理病历。③内科常用药物如氨茶碱、垂体后叶素、抗结核药、洋地黄、抗心律失常药、抗高血压药、血管活性药物、激素、抗生素、化疗药物、止血药、抗甲状腺药、胰岛素、降血糖药等的剂量、用法、主要不良反应及处理、用药注意点。④各类内科患者的饮食护理与卫生宣教。⑤内科各专科常用的辅助检查及实验室检查的正常值、临床意义。

（2）各内科实习内容

1）心血管科：循环系统疾病的整体护理；心肌梗死、心力衰竭、风湿性心脏病、高血压、冠心病、心肌炎的临床表现、治疗及护理；心肺复苏后的观察护理；多功能监护仪的应用和护理；中心静脉压的测量；心电除颤仪、心脏起搏器的作用；有关实验室检查的临床意义（如心肌酶谱、凝血酶原时间、血脂及分类、尿酸、肝肾功能等）。

2）呼吸内科：呼吸系统疾病的整体护理；肺炎、肺癌、慢性支气管炎、阻塞性肺气肿、肺心病、支气管哮喘的临床表现、治疗及护理；大咯血、气胸的急救及护理；痰标本的留取；各种人工呼吸机的使用；动脉血标本采集；各种患者的氧疗原则；有关实验室检查的临床意义（如血气分析、痰细菌培养、痰涂片检查、痰细胞学检查等）；排痰护理（吸痰技术、体位引流）。

3）消化内科：消化系统疾病的整体护理；溃疡病、肝硬化、肝癌、胃癌、急性胰腺炎、胆囊炎的治疗原则和护理；上消化道出血、肝性脑病、药物中毒的急救与护理；各种疾病的饮食指导；肠息肉的治疗、护理；气囊三腔管的应用及护理；胃液分析、十二指肠引流的操作方法；纤维胃镜、结肠镜检查的术前准备与术后护理；影像学检查的护理；有关实验室检查的临床意义（如肝功能、甲胎蛋白、乳酸脱氢酶、铁蛋白、便隐血等）。

4）神经内科：神经内科系统疾病的整体护理；脑出血、

脑梗死、急性多发性神经炎、颅内压增高、癫痫、瘫痪、病毒性脑炎、重症肌无力的病情观察、护理及急救；昏迷的判断及抢救；了解神经内科常用检查的方法及结果判断（如脑电图、脑血流图、肌电图、诱发电位）。

5）内分泌科：内分泌系统疾病的整体护理；甲状腺功能亢进症（甲亢）、甲亢危象、糖尿病的观察与护理；糖尿病酮症酸中毒、高血压危象、垂体危象等急症的观察与护理；糖尿病三大营养素的计算方法；有关实验室检查的临床意义（如血糖、T3、T4、TSH、PRL、C肽等）。

（3）护理操作：①内科患者的健康评估（护理查体）。②各专科常用护理技术，如尿糖、血糖的测定；乙醇湿化吸氧；各种检验标本的采集；三腔管护理；PPD试验；肝胆脾胰B超前准备；胸部物理疗法；体位引流；呼吸功能锻炼；胸腔闭式引流护理；心电监护及人工呼吸机使用等。③各种穿刺的配合，如胸腔穿刺（胸穿）、腹腔穿刺（腹穿）、骨髓穿刺（骨穿）、腰椎穿刺（腰穿）及术前、术后护理。

（4）见习：①腹膜透析、血液透析。②气管插管、气管切开术的护理。③纤维支气管镜检查术、纤维胃镜检查术的护理。④除颤器的使用。⑤人工起搏器安装护理。⑥心血管造影护理。

4. 出科考核内容

（1）护理程序：选择一位内科常见疾病患者，实习生现场进行护理评估、护理查体，由带教老师向学生提问进行考核，上交护理计划。

（2）专科护理操作：PPD试验、胸部物理疗法、体位引流、呼吸功能锻炼、各种穿刺的配合（胸穿、腹穿、骨穿、腰穿）、三腔管护理、三腔引流管及呼吸机参数的调节等（酌情从中选择）。

（二）外科

1. 实习时间

实习时间为8周，主要在普通外科、骨科、胸外科、脑外科、泌尿外科、烧伤科等科室实习。

2. 实习目标

（1）掌握外科常见病、多发病患者的病情观察和整体护理，学会正确处理外科常见危重病症护理问题。

（2）掌握各科常见手术备皮部位和方法，术前准备及术后护理。

（3）能熟练进行外科常见的护理技术操作，书写外科常见疾病的护理记录。

（4）运用沟通技巧，对外科患者及家属进行健康教育。

3. 实习内容

（1）学习要点（各外科通用）：①各种患者的围术期护理。②外科休克、外科感染患者的护理。③外科患者的营养支持。④多器官功能障碍综合征患者的护理。⑤肿瘤患者术后化疗的护理。

（2）各外科实习内容

1）普通（普）外科：普外科常见疾病的整体护理；普外科常见手术（如阑尾切除术、胃部分切除术、腹股沟疝修补术、乳腺手术、胆囊手术、颈部手术、肝手术、门脉高压、胰腺及脾等手术）的围术期护理；急腹症患者的处理原则；胃肠减压器的使用及各种引流管的护理；肝动脉插管术后的护理；腹腔镜检查的护理。

2）骨科：骨科常见疾病的整体护理；骨科常见手术的围术期护理；牵引、夹板、石膏固定患者的观察与护理；骨折的处理原则；压疮的预防和护理；外伤性截瘫、骨折患者的护理；骨科患者的各种功能锻炼方法；断肢（指）再植患者的观察与护理。

3）胸外科：胸外科常见疾病的整体护理；胸科常见手术（如胸壁、肺、心脏、食管手术）的围术期护理；胸外伤患者的观察与护理；胸腔闭式引流的护理；胸外科的用氧原则；胸部手术患者咳嗽的意义及训练方法；体外循环手术的术前准备、术后观察与护理；张力性气胸的急救原则及处理；胸腔镜检查的护理。

4）脑外科：脑外科常见疾病的整体护理；脑外科常见手术的围术期护理；脑外伤、颅内压增高、脑肿瘤、颅骨骨折患者的观察及护理；昏迷、鼻饲患者的护理；气管切开、静脉切开、腰椎穿刺的配合及护理；低温冬眠患者的护理；脑血管造影术前准备及术后护理；脑外科术后各种引流管的观察护理。

5）泌尿外科：泌尿外科常见疾病的整体护理；泌尿外科常见手术（如肾、膀胱、输尿管、前列腺、尿道手术）的围术期护理；尿标本采集法、膀胱冲洗法；各种管道的护理；膀胱镜检查、肾盂造影、体外碎石术的术前准备、术后护理。

6）烧伤科：烧伤科常见疾病的整体护理；烧伤科常见手术的围术期护理；烧伤科患者常见心理问题与干预；烧伤面积的计算与烧伤深度的估计；烧伤患者的病情观察与护理；翻身床的使用；供皮区的护理；烧伤患者休克期、感染期的护理。

（3）护理操作：除上述专科操作外，需学习：①外科患者的基础护理。②肠内外营养液的配制、输注。③心肺脑复苏技术、人工气道的护理。④瘫痪患者的护理。

4. 出科考核内容

（1）完成外科患者护理记录或整体护理病历一份。

（2）护理操作：更换引流管，术前护理（备皮、灌肠、术前给药、置导尿管），术后护理（安置体位、伤口护理、导管护理等），胸腔闭式引流的护理，胃肠减压、各种引流管的护理，烧伤患者的护理等（酌情从中选择）。

（3）健康教育：外科特殊患者的健康教育。

（三）妇产科

1. 实习时间

实习时间为5周，主要在妇科、产科病房实习。

2. 实习目标

（1）能识别正常妊娠与异常妊娠并提供相应的护理。

（2）能对常见妇科疾病患者实施整体护理。

（3）能应用护理程序制订完整的护理计划并安全有效地实施。

（4）掌握相关的专科护理技术。

3. 实习内容

（1）学习要点：①妊娠期、分娩期和产褥期妇女的正常和异常表现。②产前检查、产程各期及产褥期护理。③高危妊娠妇女（如流产、异位妊娠、妊高征、前置胎盘、妊娠合并心脏病、糖尿病、肝炎、子宫破裂、产后出血）的护理。④常见妇科疾病（如子宫肌瘤、宫颈癌、子宫内膜癌、卵巢肿瘤、生殖系统炎症、月经失调、滋养细胞疾病）的护理。⑤了解相关辅助检查结果分析判断。

（2）护理操作：①协助产前检查：测宫高、腹围、四步触诊、骨盆外测量。②分娩期护理：备皮、灌肠、导尿、监测胎心、宫缩。③剖宫产手术前后的护理。④产褥期会阴护理、乳房护理并指导正确的喂奶方法。⑤新生儿产后护理（清理呼吸道、脐带结扎、保暖、早吸吮、测身高和体重、沐浴、抚触）。⑥妇科常规手术前后准备及护理。

（3）见习：顺产接生。

4. 出科考核内容

（1）护理病历：书写产科或妇科护理病历一份。

（2）护理操作：协助产前检查、新生儿抚触、导尿、灌肠（酌情从中选择）。

（3）能复述正常妊娠、高危妊娠及妇科常见疾病的护理要点。

（四）儿科

1. 实习时间

实习时间为5周，主要在新生儿科、儿内科及儿科监护室实习。

2. 实习目标

（1）能运用护理程序对儿科患者进行身心护理。

（2）能熟练对儿科患者进行护理评估，制订护理计划。

（3）能进行儿科常见的护理技术操作。

（4）能进行儿科急危重患者的抢救配合及护理。

（5）运用沟通技巧，对儿科患者及家属进行健康教育。

3. 实习内容

（1）学习要点：①结合实际，应用护理程序对儿科常见疾病患者实施整体护理。包括新生儿败血症、营养不良、维生素D缺乏性佝偻病、婴幼儿腹泻、支气管肺炎、营养性贫血、急性肾炎、肾病综合征、化脓性脑膜炎、小儿结核病等。②不同年龄儿童生长发育的正常指标及生理变化。③儿科常用药物的剂量、用法、主要副作用及处理、用药注意事项。④儿科常用实验室检查的正常值、临床意义。⑤书写儿科常见疾病的护理病历。⑥对患儿及家属进行健康教育。

（2）护理操作：①儿科患者的护理体检。②儿科常用护理技术操作（体温、脉搏、呼吸、血压测量法，身高、体重测量法，各种标本收集法，口腔、皮肤、臀部的护理，皮内、皮下、肌内、静脉注射法，输血法，各种吸氧法，超声雾化吸入法，喂奶、喂药法，各种物理降温法，股静脉穿刺术，灌肠法，暖箱使用、蓝光疗法）。

（3）见习：①各种穿刺的配合（胸穿、腹穿、骨穿、腰穿）及术前、术后护理。②红外线辐射床使用。③小儿惊厥、急性呼吸衰竭、急性心力衰竭、上消化道出血的抢救配合。

4. 出科考核内容

（1）护理病历：选择一位儿科常见疾病患者，现场采集病史，体格检查，书写护理病历，由带教老师向学生提问进行考核。

（2）护理操作：生命体征测量法、小儿身高体重的测量、小儿静脉输液、各种注射法、吸氧、灌肠、臀部护理、股静脉穿刺、暖箱使用、蓝光疗法等（酌情从中选择）。

（五）急诊科

1. 实习时间

实习时间为2周。

2. 实习目标

（1）具有对急诊环境、设备管理能力。

（2）在情境中对常见急症实施抢救护理。

（3）具有机智、勇敢、灵活、主动、安全、应变及团队合作精神。

3. 实习内容

（1）学习要点：①掌握急诊科护理常规及护理特点。②掌握高热、昏迷、休克、大咯血、呕血、中毒、中暑、淹溺、电击及各种外科创伤的急救配合及护理。③熟悉急诊科常用药品的名称、剂量、剂型、使用方法及其注意事项、作用与主要副作用的观察或预防，正确快速地执行各类抢救医嘱。④熟悉急诊科各种抢救器材、设备的放置、使用与保管要求。⑤了解急诊科的工作任务、布局、设备及组织结构。

（2）护理操作：急救止血法、洗胃、心肺复苏。

4. 出科考核内容

急诊科护理常规、急救技术、洗胃（酌情从中选择）。

（六）重症监护室（ICU）

1. 实习时间

实习时间为 2 周。

2. 实习目标

（1）熟悉各监护仪器的正确使用。

（2）应用护理程序对监护患者实施整体护理。

（3）具有耐心、细致、敏捷及应变能力。

3. 实习内容

（1）学习要点：①掌握 ICU 的护理常规、规章制度及护理特点。②熟悉 ICU 常用药品的名称、剂量、剂型、使用方法及其注意事项、作用与主要副作用的观察或预防，正确快速地执行各类抢救医嘱。③对脏器功能衰竭、休克、中毒、感染、多发伤、复合伤、各类大出血、各种急性理化因素致伤性危急病症等各科危重患者实施整体护理。④了解 ICU 的布局特点及各种抢救器材、设备的放置、使用与保管要求。

（2）护理操作：各种监护仪器、输液泵、微量注射泵、鼻饲泵、血气分析仪的使用；呼吸机的安装、调试、消毒、使用方法及注意事项；协助气管插管术、静脉切开术、动脉穿刺或插管术、深静脉插管术、中心静脉压测定。

4. 出科考核内容

（1）护理病历：上交 ICU 危重患者护理病历一份。

（2）护理操作：套管针的应用。

（七）手术室

1. 实习时间

实习时间为2周。

2. 实习目标

（1）了解手术室的工作性质和特点。

（2）树立牢固的观念，熟练掌握无菌技术，在老师的指导下能独立完成中小手术的台上台下配合。

（3）具有高度责任心、慎独修养。

3. 实习内容

（1）学习要点：①掌握常用手术敷料、器械、物品的准备及包装。掌握各种物品及房间的消毒、灭菌方法。熟悉各种手术麻醉方法及护理配合。②熟悉手术室的规章制度及一般规则。③能描述手术间及辅助间的布局特点及主要设备。④能准确说出常用手术器械的名称、用途、保养方法；⑤熟悉手术巡回护士、器械护士的职责。

（2）护理操作：①摆置常用手术体位，规范进行刷手、穿衣、戴无菌手套、铺无菌单（巾）。②参与各种手术的巡回和洗手配合工作。③参与术前访视与健康教育。

（3）见习：气管插管、各种手术步骤。

4. 出科考核内容

书写手术护理记录一份，无菌技术。

四、实习考核

（一）考核内容

实习考核是对实习学生能否实现教育培养目标的评价。实习考核采取实习过程考核（实习表现、学习态度、服务质量和组织纪律等）和业务考核相结合的方法，包括出科鉴定、出科考核、毕业考核。

（二）考核程序

1. 自我鉴定和总结

在本科室实习即将结束时，按照实习大纲及实习相关要求，首先进行自我鉴定和总结。

2. 出科鉴定

由实习学生所在科室的带教老师客观、综合地评价实习学生，书写出科鉴定。鉴定结果填入实习手册中的《出科考核表》，科室负责人审核、签名。

3. 出科考核

由实习科室在实习学生出科前一周进行组织考核，考核内容见大纲，考核形式可采取作业、口试、笔试及技术操作。成绩由实习科室评定，护士长签名或盖章。出科考核成绩记入学生实习手册中的《出科考核表》。

4. 毕业考核

实习结束后，由学校组织集中进行实习考核和毕业论文答辩。

（三）考核评定方法及标准

1. 出科鉴定

（1）鉴定方法：由实习带教老师根据平时观察了解所掌握的学生学习、工作和思想情况等，认真、逐项填写评语及记分。评价指标共五项，包括医德医风、护士素质、护理操作、工作学习态度、组织纪律。每项为20分，按优（18～20分）、良（16～17分）、中（14～15分）、及格（12～13分）、不及格（0～11分）进行评定，总分不满60分者为该科出科鉴定不及格。

（2）评分标准

1）医德医风：品行端正，能体现一切以患者为中心的宗旨，切忌有损于患者身心健康的言行，严禁因学习加重患者痛苦与病情的一切行为；体贴患者、对患者一视同仁，不以职谋私，不索收物品及接受馈赠；树立一丝不苟的工作作风，服装整洁，举止庄重；为人作风正派，尊敬师长，能正确处理与医生、同学、患者的关系。

2）护士素质与礼仪规范

①举止仪表：具有文雅大方的行为举止，端庄整洁的仪表，能正确认识行为举止、仪表对护理工作的重要性，在平时的生活和工作中均能严格要求自己。

②语言表达：能认识到语言的重要性，使用礼貌性用语，回答问题简练、正确、完整。在实习中通过沟通交流训练自己的语言修养；有宽容博大的胸怀；有良好的道德伦理观念与高尚的情感。

③文书书写：具有扎实的文书书写能力；具有较强的逻辑思维能力，文字简练、准确、扼要、与事实相符，符合医疗文件记录要求。

④人际关系：按照职业道德规范自己的行为，形成宽松、和谐、团结、互助的新型人际关系氛围；善于换位思考；关心和尊重他人，有团结协作精神。

⑤承受紧张能力：能有意识地锻炼自己承受紧张繁忙工作的能力，有对事物辩证认识的能力和稳定的心理素质，有吃苦耐劳和奉献精神。

3）护理操作：积极主动学习护理操作技术，严格按操作规程进行技术操作，步骤方法正规熟练，操作细心谨慎；操作前能领会要领、做好准备，操作后能认真进行观察，出现问题及时处理，对要求掌握的病种能实施正确的护理措施，有独立承担护理工作的能力。

4）工作学习态度：服务态度好，工作学习积极主动，能按时完成各项学习任务，主动参加危重患者的抢救和护理工作，责任心强；虚心好学、刻苦钻研业务，能够理论联系实际。

5) 组织纪律：遵守学校和教学医院的各项规章制度，遵纪守法；服从管理，组织观念强，无迟到、早退及旷实习等现象，能遵守实习期间的请假规定。

（3）评定等级

1) 优：能全面达到上述要求，在实习期间表现突出并得到带教老师及科室医护人员好评者。

2) 良：较好地达到上述要求，没有不良现象反映者。

3) 中：基本能达到上述要求，没有不良现象反映者。

4) 及格：基本能达到上述要求，有轻微违纪行为，但经教育有改正表现者。

5) 不及格：未能达到上述要求或有违纪行为，经教育无效者。

（4）评分要求：各教学科室带教老师评价记分时，必须全面考虑、实事求是、从严掌握、力求公正，能真正反映实习学生的实习情况；同一科室者最好彼此间加以纵横比较，防止趋中倾向，不要回避最高分和最低分。

实习学生在一个科室缺实习时间超过三分之一者，不准参加出科成绩评定，待补实习后再参加评定。

补实习学生要向教学和学生管理部门说明原因，经其批准，待全部实习结束后方可安排补实习。

2. 出科考核

出科考核主要为两个方面，即理论测试和护理操作。理论测试可采取作业、笔试与口试相结合的方法对学生实习情况进行评价，以考查实习学生的思维分析和语言表达能力，内容有各科疾病的病因、临床病情观察结果、制订护理诊断、实施护理措施等。护理操作依据情况采取床边考核、现场考核及模拟考核方式。出科考核由实习科室集中组织进行,安排在出科前一周内进行。成绩由实习科室评定,教学主任或秘书签名或盖章。出科考核成绩记入学生实习手册中的《出科考核表》。

3. 毕业考核

毕业考核采取顶岗实习成绩考核和毕业论文答辩的形式进行。

实习学生在全部实习结束后,如有一科以上(包括一科)无出科成绩或不及格,则不能参加毕业考核。

助产专业实习大纲

一、实习目的

毕业实习是实现人才培养目标的重要环节，是培养学生独立分析问题、解决问题的能力和科学思维方法，巩固和提高所学的基础理论、临床知识和技能，强化学生临床诊疗技术综合训练的重要阶段。在临床实习中，要求实习学生树立救死扶伤、全心全意为患者服务的思想，培养良好的医德医风和严谨的工作作风，熟悉助产、护理和母婴保健工作制度、规则、程序和工作方法，能够独立开展工作。

熟练掌握妇产科病历和各种医护记录，熟练进行妊娠诊断、产前检查、正常接生、产后处理、新生儿处理、难产急救处理等本专业的诊疗技能和护理操作，能够应用先进设备监测孕产妇、胎儿宫内安危情况，能够对个体进行整体护理，能应用妇产科有关知识对广大女性进行健康教育及疾病预防，具有对常见病初步处理和预防的工作能力，能开展计划生育和妇幼保健工作，同时培养良好的医护及护患沟通能力。了解新理论、新知识、新技能和各学科的进展；加强临床思维、交流和自主学习能力的培养，完成各学科实习大纲规定的教学任务。实习结束时，在政治思想、职业道德、助产和护理技术、工作能力等方面得到全面锻炼，为今后从事临床护理、助产和母婴保健工作打下良好的基础。

二、实习科目及时间分配

毕业实习采用轮转方式进行，时间安排在第三学年，共计 32 周，具体安排见下表。

助产专业实习科目及时间分配

序号	实习科目	实习时间
1	内科	6 周
2	外科	6 周
3	妇产科	14 周
（1）	妇科门诊	1 周
（2）	妇科病房	1 周
（3）	产科门诊	2 周
（4）	产科病房	2 周
（5）	产房	8 周
4	儿科	4 周
5	急诊科	2 周
	合计	32 周

三、实习内容及要求

（一）内科

1. 实习时间

实习时间为 6 周，分别在呼吸（1 周）、循环（1 周）、消化（1 周）、肾内（1 周）、血液（1 周）、内分泌和神经（1 周）病房实习。

2. 实习要求

理论知识要求：

（1）掌握以下疾病的临床表现、护理措施和健康指导。

慢性支气管炎、阻塞性肺气肿、哮喘、肺炎、呼吸衰竭，心力衰竭、心律失常、高血压、冠心病、心瓣膜病、胃炎、消化性溃疡、肝硬化、肝性脑病、急性胰腺炎、肾炎、尿路感染、肾衰竭、贫血、白血病、甲状腺功能亢进、糖尿病、急性脑血管病、癫痫等。

（2）基本掌握上述疾病的护理诊断、实验室及其他检查结果分析。

（3）熟悉上述疾病的概念、病因、病理、治疗要点。

（4）能独立完成对上述疾病患者的护理评估、制订护理目标、进行护理评价。

（5）掌握下列急危重症患者的抢救原则和措施。

急性肺水肿、心搏骤停、阵发性室性心动过速、三度房室传导阻滞、急性心肌梗死、高血压急症、上消化道大量出血、出血坏死型胰腺炎、糖尿病酮症酸中毒、脑出血等。

技能要求：

（1）掌握以下护理技能

1）基础护理操作技术：铺床法（备用床、暂空床）、患者运送法、保护具的使用技术、无菌技术操作、口腔护理、头发护理、沐浴法、压疮护理、有患者床整理法、生命体征测量技术、鼻饲法、口服给药法、注射法（皮内注射、皮下注射、肌内注射、静脉注射）、超声雾化吸入法、药物过敏试验法、静脉输液法、乙醇（温水）拭浴、各种标本采集、洗胃法、吸痰法、吸氧法、尸体料理、医嘱处理方法。

2）内科护理技能：吸入器使用法、机械通气、体位引流、心脏电复律、成分输血、血糖检测技术、心电监护技术。

（2）熟悉以下护理技能：胸腔穿刺术护理、腹腔穿刺术护理、三（四）腔二囊管压迫止血术护理、血液透析护理、骨髓穿刺术护理、腰椎穿刺术护理。

（3）了解以下护理技能：纤维支气管镜检查护理、人工心脏起搏术护理、冠状动脉造影术护理、上消化道内镜检查护理、脑血管造影术护理。

（二）外科

1. 实习时间

实习时间为6周，分别在普通外科（2周）、脑外科（1周）、胸外科（1周）、骨外科（2周）病房实习。

2. 实习要求

理论知识要求：

（1）掌握以下疾病临床表现、手术后护理措施

1）普通外科：急性化脓性腹膜炎、腹外疝、胃癌、急性阑尾炎、急性肠梗阻、急性胆囊炎、胆石症、结肠癌、直肠癌、原发性肝癌、下肢静脉曲张、甲状腺功能亢进和乳腺癌。

2）脑外科：颅内压增高和颅脑损伤。

3）胸外科：胸部损伤（肋骨骨折、气胸、血胸、胸腹联合伤）、肺癌、食管癌。

4）骨外科：常见四肢骨折、脊柱骨折及脊髓损伤、关节脱位和腰椎间盘突出症。

（2）基本掌握上述疾病的护理诊断、实验室及其他检查结果分析。

（3）熟悉上述疾病的概念、病因、病理、治疗要点。

（4）能独立完成对上述疾病患者的护理评估、制订护理目标、进行护理评价。

技能要求：

（1）基础护理技术：铺床法（麻醉床）、患者运送法、

保护具的使用技术、无菌技术操作、口腔护理、头发护理、压疮护理、有患者床整理法、生命体征测量技术、鼻饲法、口服给药法、注射法（皮内注射、皮下注射、肌内注射、静脉注射）、超声雾化吸入法、药物过敏试验法、静脉输液法、乙醇（温水）拭浴、各种标本采集、洗胃法、吸痰法、吸氧法、医嘱处理方法。

（2）专科护理技术

1）普通外科：掌握腹腔引流、胃肠减压、T形管引流和结肠造口的护理要点。

2）胸外科：掌握胸腔闭式引流的护理要点。

3）脑外科：掌握脑室引流和颅骨牵引的护理要点。

4）骨外科：掌握小夹板固定、骨盆牵引、皮牵引、骨牵引和石膏外固定的护理要点。

（三）妇产科

1. 实习时间

实习时间为14周，分别在妇科门诊（1周）、产科门诊（2周）、妇科病房（1周）、产科病房（2周）、产房（8周）实习。

2. 实习要求

（1）妇科门诊

理论知识要求：

1）掌握：门诊病历的书写、双合诊、三合诊、肛腹诊及阴道窥器检查法，早期妊娠的诊断及患者收住院的原则，妇科门诊常用器械的准备与消毒。

2）熟悉：妇科常见病的诊断、鉴别诊断、防治措施及急诊患者的应急处理和转送，妇科门诊常用药物的作用、剂量用法，有关妇科辅助检查（B超、宫颈活检、子宫内膜诊刮等）的适应证与注意事项。

技能要求：

1）掌握阴道窥器和双合诊检查技术。

2）掌握阴道灌洗、阴道上药、宫颈刮片、宫颈息肉摘除及宫颈活检技术。

3）熟悉妇科门诊手术患者的术前准备和阴道分泌物及脱落细胞的涂片等。

（2）产科门诊

理论知识要求：

1）掌握：孕产妇初诊和复诊的检查时间、内容与方法，孕期的健康指导，孕产妇的系统管理卡内容，妊娠图描绘和围生期保健。

2）熟悉：高危妊娠的范畴和评分。

技能要求：

1）掌握产科四步触诊法、骨盆外测量和胎心音听诊。

2）能根据孕妇实际情况合理安排产前检查的时间。

3）能熟练进行孕期的健康指导。

（3）妇科病房（含计划生育）

理论知识要求：

1）掌握：妇科病历及各项护理记录、妇科常见病（妇科炎症、妇科肿瘤、滋养细胞疾病等）的诊断、鉴别诊断、治疗原则及整体护理；妇科手术前准备及术后护理，各项基础护理和晨间护理；各种计划生育手术的适应证、禁忌证，手术前后的准备及护理。

2）熟悉：妇科手术原则，月经失调的诊断、鉴别诊断及治疗方案，常用药物的作用、剂量、用法，各种计划生育并发症的防治。

技能要求：

1）初步掌握腹部手术的助手工作。

2）技能操作：在老师指导下完成1~2次上环或取环，1~2次人工流产，参与腹式输卵管结扎术1~2次。撰写妇科病历和护理病历各1份。

（4）产科病房

理论知识要求：

1）掌握：产科病历及各项护理记录、产科常见病（妊娠高血压综合征、前置胎盘、胎盘早剥、妊娠合并症等）的诊断、鉴别诊断、治疗原则及整体护理，正常产褥期子宫复旧的规律和乳房、会阴等护理要点，各项基础护理和晨间护理。

2）熟悉：产科手术原则，常用药物的作用、剂量、用法，了解产科疑难病症的诊断、鉴别诊断及治疗方案。

技能要求：

1）初步掌握胎儿监护仪的使用。

2）熟练进行产科手术前准备及术后护理，会阴切开术后的护理操作。撰写产科病历和护理病历各1份。

（5）产房（分娩室、婴儿室）

理论知识要求：

1）掌握：产科各项工作记录（住院记录、产前记录、分娩记录、产后记录等）、产程观察及三个产程的正确处理；新生儿Apgar评分、处理、观察及护理；胎儿窘迫处理，新生儿窒息的急救、护理、剖宫产术前准备及术后护理；缩宫素及其他产科常用药物的用法、剂量、注意事项；产包的准备；医疗废物的处理；新生儿辐射保暖台、蓝光箱、暖箱的使用方法。

2）熟悉：各种难产处理；产科手术适应证；有关产科辅助检查（胎儿电子监护、B超、胎盘功能测定，胎儿成熟度测定等）的适应证和检查结果的分析。

技能要求：

1）掌握肛查、阴道指诊、人工破膜、顺产接生的操作。

2）熟悉会阴侧切缝合、会阴裂伤修补护理技术，会阴热敷、新生儿沐浴、新生儿预防接种操作。

3）初步掌握胎头吸引助产、低位产钳助产、臀位助产及剖宫产手术的助手工作。

（四）儿科

1. 实习时间

实习时间为4周，分别在儿科门诊（1周）和儿科病房（3周）实习。

2. 实习要求

理论知识要求：

（1）掌握小儿的各年龄分期及各期特点，生长发育的规律，重要的体格生长指标（如体重、身长、囟门、牙齿等）及主要的正常生理指标（如体温、脉搏、呼吸、血压、尿量、心脏搏动位置、肝大小等），熟悉小儿神经、心理发育特点。

（2）掌握一般常见实验室检查的正常值、临床意义及结果分析。

（3）掌握小儿喂养的原则，母乳喂养的优点，人工喂养方法及所需能量和水量的计算。掌握儿童保健的原则和生后1周岁以内的计划免疫。

（4）掌握患病新生儿的护理诊断及护理措施，常见疾病包括：新生儿黄疸、新生儿败血症、新生儿硬肿症、新生儿肺炎、新生儿缺血缺氧性脑病、新生儿颅内出血、新生儿破伤风、新生儿肺透明膜病。

（5）掌握儿科常见疾病患儿的护理诊断及护理措施，常见病包括：小儿肺炎、小儿腹泻、小儿贫血、白血病、急性肾炎、肾病综合征、先天性心脏病、小儿急症。

（6）熟悉患病新生儿、儿科常见疾病患儿的病因、临床表现和治疗原则。

技能要求：

（1）熟练掌握以下儿科常用护理技术操作：体格测量法、头皮静脉穿刺法、肌内注射法、颈外静脉穿刺法、股静脉穿刺法、口服给药法、生命体征测量法、臀红护理、更换尿布法、约束法、小儿沐浴法、吸氧法。

（2）熟练掌握温箱、蓝光箱的使用及注意事项。

（3）熟悉小儿胸腔穿刺、骨髓穿刺、腰椎穿刺等操作技术。

（4）熟悉儿科心电监护仪、远红外辐射床的使用方法，小儿心肺复苏术，尿便标本留取法。

（5）了解新生儿病房、新生儿重症监护病房、儿科病房的布局与设施。

（6）了解新生儿换血技术操作及注意事项。

（7）书写一份儿科护理病历。

（五）急诊科

1. 实习时间　实习时间为2周。
2. 实习要求

理论知识要求：

（1）掌握以下急诊科常见急危重症的救护：急性心肌梗死，重症哮喘，急性上消化道出血，昏迷，急腹症，常见临床危象（超高热危象、高血压危象、高血糖危象、低血糖危象、甲状腺危象及重症肌无力危象）。

（2）掌握心搏骤停、休克、创伤、脏器功能衰竭、急性中毒、中暑、淹溺、触电等急症的临床表现、抢救配合措施和护理。

（3）基本掌握上述疾病的护理诊断、实验室及其他检查结果分析，熟悉上述疾病的概念、病因、病理、治疗要点。

（4）能独立完成对上述疾病患者的护理评估、制订护理目标、进行护理评价。

（5）熟悉危重患者的监护、急诊科的设置、急诊护理管理、急诊护理工作流程、急诊科护理工作的任务、重症监护病室管理、院外急救护理及危重患者的营养支持等。

技能要求：

（1）掌握以下护理技能

1）现场急救技术：心肺复苏术、止血、包扎、固定、转运等。

2）常用救护技术：心脏电复律、心腔内注射、心电监护技术、呼吸机使用、三（四）腔二囊管压迫止血术、洗胃法、吸痰法、吸氧法、导尿术、气道护理技术、注射泵的临床应用、CVP的监测及深静脉置管的护理等。

3）基础护理操作技术：患者运送法、保护具的使用技术、无菌技术操作、生命体征测量技术、注射法（皮内注射、皮下注射、肌内注射、静脉注射）、超声雾化吸入法、药物过敏试验法、静脉输液及输血法、乙醇（温水）拭浴、各种标本采集、医嘱处理方法等。

4）监测技术：血流动力学监测、心电图监测、脑功能监测、肾功能监测、动脉血气和酸碱平衡的监测。

（2）熟悉气管插管、气管切开术，环甲膜穿刺、环甲膜切开术，胸腔穿刺及闭式引流术，动静脉穿刺置管术、有创压力监护（中心静脉压监测）等。

（3）了解抗休克裤的应用。

四、实习考核

（一）考核内容

临床实习考核是对助产专业学生能否实现教育培养目标的评价，即对每个学生政治、业务综合素质和能力的测试、评定。

实习考核包括出科鉴定、出科考核（理论考试、技术操作考试）。

考核的主要内容：基础理论与专业知识，病历书写与病情记录，助产的诊疗技能，护理操作技能（基础护理、专科护理），实习表现、学习态度、服务质量和组织纪律等。

（二）考核程序

1. 学生自我鉴定和总结

在本科室实习即将结束时，按照实习大纲及实习相关要求，首先进行自我鉴定和总结。

2. 带教老师出科鉴定

由实习学生所在科室的带教老师客观综合评价实习学生对本专业应了解和必须掌握的处理助产、护理和母婴保健等工作的各种能力，做出出科鉴定。鉴定结果填入实习手册中的《出科考核表》，科室负责人审核、签名。

3. 出科考核

由实习科室组织实习学生集中考试，安排在出科前一周内进行，主要采取笔试方式，也可采取口试方式进行。成绩由实习科室评定，教学主任或秘书签名或盖章。

出科考核成绩记入学生实习手册中的《出科考核表》。

4. 毕业考核

实习结束后，由学校组织集中进行实习考核和毕业论文答辩。

(三)考核评定方法及标准

1. 出科鉴定

(1)鉴定方法:由实习带教老师根据平时观察了解所掌握的学生学习、工作和思想情况等认真地逐项填写评语及记分。评价指标共五项,包括医德医风、病历及各项记录、助产及护理操作技术、工作学习态度、组织纪律。每项为20分。按优(18~20分)、良(16~17分)、中(14~15分)、及格(12~13分)、不及格(0~11分)进行评定,总分不满60分者为该科出科鉴定不及格。

(2)评分标准

1)医德医风:品行端正,能体现一切以患者为中心的宗旨,切忌有损于患者身心健康的言行,严禁因学习加重患者痛苦与病情的一切行为;体贴患者、对患者一视同仁,不以职谋私,不索收物品及接受馈赠;树立一丝不苟的工作作风,服装整洁,举止庄重;为人作风正派,尊敬师长,能正确处理与医护人员、同学、患者的关系。

2)病历及各项记录:病历书写及时、正规,内容完整、准确,文字简练、清晰、有逻辑性;能客观地记录病情变化,反映病情演变;对要求掌握病种的病史、检查结果、病情变化、诊治过程的综合分析较好,能做出正确的诊断、护理及处理。

3)助产及护理操作技术:主动学习助产和护理操作技术,能严格按操作规程进行技术操作,步骤、方法正规熟练,操作细心谨慎;术前能领会要领、做好准备,术后能认真进行观察,出现问题及时处理,有一定的理论联系实际的综合分析能力。

4)工作学习态度:服务态度好,工作学习积极主动,能按时完成各项学习任务,主动参加危重患者的抢救和护理工作，责任心强；虚心好学、刻苦钻研业务，能做到理论联系实际，在实习期间能参阅有关文献资料。

5）组织纪律：遵守学校和教学医院的各项规章制度，遵纪守法；服从管理，组织观念强，无迟到、早退及旷实习等现象，能遵守实习期间的请假规定。

（3）评定等级

1）优：能全面达到上述要求，在实习期间表现突出并得到带教老师及科室医护人员好评者。

2）良：较好地达到上述要求，没有不良现象反映者。

3）中：基本能达到上述要求，没有不良现象反映者。

4）及格：基本能达到上述要求，有轻微违纪行为，但经教育有改正表现者。

5）不及格：未能达到上述要求或有违纪行为，经教育无效者。

（4）评分要求：各教学科室带教老师评价记分时，必须全面考虑、实事求是、从严掌握，力求公正、能真正反映实习学生的实习情况；同一科室者最好彼此间加以纵横比较，必须防止趋中倾向，不要回避最高分和最低分。

实习学生在一个科室缺实习时间达三分之一者，不准参加出科成绩评定，待补实习后再参加评定。

补实习学生要向教学和学生管理部门说明原因，经其批准，待全部实习结束后方可安排补实习。

2. 出科考核

出科考核成绩记入学生实习手册中的《出科考核表》。出科考核主要为两个方面，即理论测试和实践操作。理论测试可采取笔试与口试方式相结合的方法对学生实习情况进行评价，以考查实习学生的思维分析和语言表达能力。技能操作采取现场评价的方法。出科考核由实习科室组织实习学生集中考试,安排在出科前一周内进行。成绩由实习科室评定,护士长签名或盖章。

3. 毕业考核

毕业考核采取顶岗实习成绩考核和毕业论文答辩形式进行。

实习学生在全部实习结束后,如有一科以上(包括一科)无出科成绩或不及格,不能参加毕业考核。

临床医学（含影像方向）专业实习大纲

一、实习目的

毕业实习是实现人才培养目标的重要环节，是培养学生独立分析问题、解决问题的能力和科学思维方法，巩固和提高所学的基础理论、临床知识和技能，加强学生临床诊疗技术综合训练的重要阶段。在临床实习中，要求实习学生热爱祖国，能够准确理解和把握社会主义核心价值观的深刻内涵和实践要求，具有正确的世界观、人生观和价值观，以及维护和促进人民群众健康的时代责任感和历史使命感。具有为基层医疗卫生事业贡献终身的信念；具有吃苦耐劳、乐于奉献、积极进取的创业精神。树立救死扶伤、全心全意为患者服务的思想，培养良好的医德医风和严谨的工作作风，熟悉临床工作制度、规则、程序和工作方法，能够独立开展工作。

熟练掌握临床常见疾病的病史采集和体格检查方法，能够准确书写临床病历和病程记录，熟练掌握临床常见疾病的诊疗要点，掌握危急病症的抢救原则，掌握临床基本诊疗技术操作。能够运用临床知识对患者及家属进行健康教育及普及疾病预防知识，具有良好的医患沟通能力。了解新理论、新知识、新技能和各学科的进展；加强临床思维、交流和自主学习能力的培养，完成各学科实习大纲规定的教学要求。实习结束时，在政治思想、职业道德、临床技能、工作能力等方面得到全面锻炼，为今后从事医院临床工作和社区医疗服务打下良好的基础。

二、实习科目及时间分配

毕业实习采用轮转方式进行,时间安排在第三学年,共计40周,具体安排见表1和表2。

表1 临床医学专业(全科医学方向)实习科目及时间分配

序号	实习科目	实习时间
1	内科	12周
2	外科	12周
3	妇产科	5周
4	儿科	5周
5	眼耳鼻喉科	4周
6	全科医学	2周

表2 临床医学专业(医学影像方向)实习科目及时间分配

序号	实习科目	实习时间
1	内科	6周
2	外科	6周
3	妇产科	2周
4	儿科	2周
5	放射科	8周
6	CT室	8周
7	磁共振室	2周
8	超声和超声心动室	4周
9	全科医学	2周

三、实习内容及要求

(一) 内科

1. 实习时间

(1) 全科医学方向：实习时间为12周，分别在呼吸（2周）、循环（2周）、消化（2周）、泌尿（1周）、血液（1周）、内分泌（1周）、风湿（1周）和神经（2周）门诊和病房实习。

(2) 医学影像方向：实习时间为6周，分别在呼吸（1周）、循环（1周）、消化（1周）、神经（2周）病房和急诊内科（1周）实习。

2. 实习要求

理论知识要求：

(1) 熟练掌握内科常见病、多发病的诊断及治疗原则。

1) 呼吸系统疾病：慢性支气管炎、慢性阻塞性肺气肿、慢性肺源性心脏病、呼吸衰竭、支气管哮喘、肺炎球菌肺炎、支气管扩张症。

2) 循环系统疾病：心力衰竭、心律失常、原发性高血压、冠状动脉粥样硬化性心脏病、风湿性心瓣膜病、心肌炎、心肌病。

3) 消化系统疾病：胃炎、消化性溃疡、溃疡性结肠炎、肝硬化、急性胰腺炎、结核性腹膜炎。

4) 神经系统疾病：急性脑血管病、帕金森病、癫痫、急性感染性多发性神经炎、面神经炎、急性脊髓炎。

(2) 熟悉以下常见内科危重症患者的抢救原则和方法。

各种原因引起的休克、慢性肺源性心脏病、呼吸衰竭、重症支气管哮喘、急性呼吸窘迫综合征、心力衰竭、急性冠脉综合征、严重心律失常、高血压急症、急性上消化道出血、肝硬化、肝性脑病、急性胰腺炎、糖尿病酮症酸中毒、急性

中毒、急性脑血管病、癫痫持续状态、有机磷农药中毒、一氧化碳中毒等。

（3）掌握内科各种实验室检查的临床诊断意义，学会填写各种实验室检查申请单。

（4）基本掌握常用医技检查报告结果的临床意义，如X线、B超、心电图、胃镜等。

（5）熟悉内科常用药物基本知识。

诊疗技能要求：

（1）熟练掌握病史采集及体格检查（视、触、叩、听）的要领和操作方法，并能辨别常见异常阳性体征。

（2）正确、熟练掌握书写病历、病程记录、各种申请单、转科记录、阶段小结、出院记录、死亡报告等医疗文书。能够较准确地下达医嘱和观察病情。

（3）初步掌握内科常用技术操作，如吸痰、吸氧、心电监护术、导尿术、静脉穿刺术、胸膜腔穿刺术、腹膜腔穿刺术、腰椎穿刺术、骨髓穿刺术、插胃管技术、双气囊三腔管压迫术、透析术等。

（二）外科

1. 实习时间

（1）全科医学方向：实习时间为12周，分别在普通外科（4周）、骨外科（4周）、脑外科（2周）、胸外科（1周）、泌尿外科（1周）门诊和病房实习。

（2）医学影像方向：实习时间为6周，分别在普通外科（2周）、骨外科（2周）、脑外科（1周）病房和急诊外科（1周）实习。

2. 实习要求

理论知识要求：

（1）掌握手术学基础、麻醉学基础、外科患者代谢、外科感染、烧伤和创伤等相关外科学知识。

（2）掌握一般常见实验室检查的临床意义及结果分析。

（3）掌握脑外科、胸外科、普通外科、泌尿外科、骨外科等常见疾病诊断和处理方法。

1）脑外科：颅内压增高、头皮损伤、颅骨骨折、脑损伤。

2）胸外科：胸部损伤、脓胸、肺癌、食管癌。

3）普通外科：甲状腺疾病、乳房疾病、腹外疝、急性腹膜炎、腹部创伤、胃十二指肠疾病、急性肠梗阻、急性阑尾炎、结肠癌、直肠与肛门疾病、肝脓肿、原发性肝癌、门静脉高压症、胆石症、胆囊炎、急性梗阻性化脓性胆管炎、胰腺疾病、周围血管疾病。

4）泌尿外科：肾损伤、尿道损伤、肾结核、肾结石、输尿管结石、肾肿瘤、膀胱肿瘤、前列腺增生、急性尿潴留。

5）骨外科：骨折、关节脱位、骨髓炎、骨关节结核、骨肿瘤、肩关节周围炎、狭窄性腱鞘炎、腰椎间盘突出症。

（4）熟悉常见外科急症的处理原则和方法：骨折、烧伤、血气胸、阑尾炎、脱水、代谢性酸中毒、呼吸衰竭、出血性休克等。

诊疗技能要求：

（1）基本掌握以下诊疗技术和操作：外科病史询问、体格检查、病历书写、无菌操作、局部麻醉、心肺复苏、伤口换药、气管切开术、表浅部位良性肿瘤切除术、胸腔闭式引流术。

（2）熟悉阑尾切除术、大隐静脉切除术、骨折的复位和固定等操作技术。

（三）妇产科

1. 实习时间

（1）全科医学方向：实习时间为 5 周，分别在妇科门诊

（1周）、产科门诊（1周）、妇科病房（1周）、产科病房（2周）实习。

（2）医学影像方向：实习时间为2周，分别在妇科门诊（1周）、产科门诊（1周）实习。

2. 实习要求

理论知识要求：

（1）妇科门诊：掌握早产、流产、月经失调、女性生殖系统炎症、子宫肌瘤、卵巢癌、子宫内膜癌、宫颈癌、妊娠滋养细胞疾病及月经失调、子宫内膜异位症、不孕症的诊断和治疗。

（2）产科门诊：正常妊娠的产前检查，高危妊娠的识别与筛选，妊娠高血压综合征、妊娠合并心脏病、妊娠合并肝炎的诊断和治疗。

诊疗技能要求：

（1）门诊

1）学会阴道窥器诊和双合诊检查。

2）掌握阴道涂片、宫颈刮片及宫颈活检技术。

3）掌握腹部四步触诊检查法及骨盆测量法。

（2）计划生育

1）基本掌握人工流产术、上环、取环及刮宫术的适应证与操作要点。

2）在教师指导下，每人做上环、取环术2次，人工流产术1次。

（四）儿科

1. 实习时间

（1）全科医学方向：实习时间为5周，分别在儿科门诊（1周）和儿科病房（4周）实习。

（2）医学影像方向：实习时间为2周，在儿科门诊（2周）实习。

2. 实习要求

理论知识要求：

（1）掌握小儿的各个年龄分期，生长发育的规律，重要的体格生长指标（如体重、身长、囟门、牙齿等）及主要的正常生理指标（如体温、脉搏、呼吸、血压、尿量、心脏搏动位置、肝大小、正常血常规等），熟悉小儿神经、心理发育特点。

（2）掌握一般常见实验室检查的正常值、临床意义及结果分析。

（3）掌握小儿喂养的原则，母乳喂养的优点，人工喂养及所需能量和水量的计算。掌握儿童保健的原则和生后1周岁以内的计划免疫。

（4）能独立诊断和处理常见的儿科疾病，如上呼吸道感染、支气管炎、肺炎、小儿腹泻、维生素D缺乏性佝偻病、营养不良、急性肾炎、营养性缺铁性贫血等。

（5）基本掌握以下疾病的诊断和处理：新生儿疾病（新生儿缺氧缺血性脑病、新生儿黄疸、新生儿败血症、新生儿肺炎等）、肾病综合征、先天性心脏病、风湿热、营养性巨幼细胞性贫血、原发性肺结核、化脓性脑膜炎等。

（6）熟悉以下常见儿科急症的处理原则和方法：发热、惊厥、急性心力衰竭、呼吸衰竭、感染性休克。

诊疗技能要求：

（1）基本掌握以下诊疗技术：小儿病史询问、小儿体格检查、儿科病历书写、小儿喂养、计划免疫操作、小儿药物剂量计算及给药技术、小儿液体疗法等。

（2）熟悉小儿胸腔穿刺、骨髓穿刺、腰椎穿刺等操作技术。

（五）眼耳鼻喉科

1. 实习时间

全科医学方向实习时间为 4 周，分别在眼科（2 周）、耳鼻喉（2 周）门诊和病房实习。

2. 实习要求

理论知识要求：

（1）掌握眼科各种常见病（如细菌性结膜炎、沙眼、角膜炎、白内障、青光眼、虹膜睫状体炎、屈光不正等）的临床表现、诊断和处理原则。

（2）掌握耳鼻喉科各种常见病（如鼻炎、鼻息肉、鼻窦炎、咽炎、扁桃体炎、喉炎、中耳炎等）的主要特征、诊断和处理原则。

（3）掌握眼科和耳鼻喉科各项检查指标（如视力、眼压、听力等）的正常范围。

（4）熟悉眼科和耳鼻喉科以下常见急症的处理原则和方法：视网膜中央动脉阻塞、急性会厌炎、喉梗阻、咽喉部外伤等。

（5）了解眼科和耳鼻喉科各种常见手术的术式。

诊疗技能要求：

（1）掌握以下诊疗技术和操作：病史询问、病历书写、视力检查、眼压测量、裂隙灯检查、眼底镜检查、鼻腔及鼻窦的检查、咽喉部间接喉镜检查、耳部检查、听力检查、球结膜下注射、泪道冲洗、结膜囊冲洗、雾化吸入局部麻醉、清创缝合等。

（2）熟悉视野检查、屈光不正和斜视的检查、上颌窦穿刺、咽鼓管吹张术、鼓膜穿刺、咽喉部异物取出术等操作技术。

（3）了解球后注射、半球后注射、气管切开术等操作技术。

（六）全科医学

1. 实习时间

全科医学方向和医学影像方向均需要到社区医疗卫生服务中心实习2周。

2. 实习要求

理论知识要求：

（1）掌握常见慢性病（包括高血压、糖尿病、心脑血管疾病）和各类损伤的主要特征、诊断和处理原则。

（2）掌握小儿的计划免疫操作。

（3）熟悉各种常用药物基本知识。

诊疗技能要求：

（1）熟练掌握病史采集及体格检查（视、触、叩、听）的要领和操作方法。

（2）熟练掌握社区居民健康档案建立的原则及方法。

（3）掌握临床常用技术操作，如吸痰、吸氧、心肺复苏、伤口换药等。

（七）放射科

1. 实习时间

医学影像方向实习时间为8周，分别到放射科X线摄像（6周）、透视（1周）、钡透（1周）实习。

2. 实习要求

理论知识要求：

（1）掌握各系统的正常X线表现。

（2）掌握临床常见疾病的X线特点

1）呼吸系统：慢性支气管炎、肺气肿、肺心病、支气管扩张、肺炎、肺结核、支气管肺癌、胸部创伤。

2）心脏大血管：心瓣膜病、冠心病、高血压心脏病、心包积液、肺栓塞和肺梗死。

3）消化系统：食管静脉曲张、食管癌、反流性食管炎、消化性溃疡、急腹症。

4）泌尿与生殖系统：泌尿系统结石。

5）骨与关节系统：骨折、骨与关节化脓性感染、骨与关节结核、类风湿性关节炎、强直性脊柱炎、退行性骨关节病、椎间盘突出症、创伤性关节炎、痛风、骨肿瘤。

诊疗技能要求：

（1）掌握各系统 X 线检查方法。

（2）能够正确识别各系统常见疾病的异常表现。

（3）了解 X 线洗片技术。

（八）CT 室

1. 实习时间

医学影像方向实习时间为 8 周，分别进行 CT 检查操作（4 周）、阅片（4 周）实习。

2. 实习要求

理论知识要求：

（1）熟悉各系统的正常 CT 表现。

（2）了解临床常见疾病的 CT 特点

1）呼吸系统：肺气肿、肺心病、支气管扩张、肺炎、肺结核、支气管肺癌、胸部创伤。

2）心脏大血管：心瓣膜病、冠心病、高血压心脏病、心包积液、肺栓塞和肺梗死。

3）消化系统：肝硬化、肝脓肿、肝囊肿、肝血管瘤、肝癌、急性胰腺炎、胰腺癌、脾创伤、脾梗死。

4）泌尿与生殖系统：泌尿系结石、肾癌。

5）骨与关节系统：骨与关节结核、退行性骨关节病、椎间盘突出症、痛风、骨肿瘤。

6）中枢神经系统：脑血管病、颅内肿瘤。

诊疗技能要求：

（1）熟悉各系统的 CT 检查方法。

（2）能够识别各系统常见疾病的异常表现。

（九）磁共振室

1. 实习时间

医学影像方向实习 2 周，主要进行 MRI 检查操作实习。

2. 实习要求

理论知识要求：

（1）熟悉各系统的正常 MRI 表现。

（2）了解临床常见疾病的 MRI 特点

1）呼吸系统：肺气肿、肺心病、支气管扩张、肺炎、肺结核、支气管肺癌、胸部创伤。

2）心脏大血管：心瓣膜病、冠心病、高血压心脏病、心包积液、肺栓塞和肺梗死。

3）消化系统：肝硬化、肝脓肿、肝囊肿、肝血管瘤、肝癌、急性胰腺炎、胰腺癌、脾创伤、脾梗死。

4）泌尿与生殖系统：泌尿系结石、肾癌。

5）骨与关节系统：骨与关节结核、退行性骨关节病、椎间盘突出症、痛风、骨肿瘤。

6）中枢神经系统：脑血管病、颅内肿瘤。

诊疗技能要求：

（1）熟悉各系统的 MRI 检查方法。

（2）能够初步识别各系统常见疾病的异常表现。

（十）超声和超声心动室

1. 实习时间

医学影像方向实习时间为 4 周，分别到超声室（2 周）、超声心动室（2 周）实习。

2. 实习要求

理论知识要求：

（1）掌握腹部脏器、泌尿及男性生殖系统、女性生殖系统的正常影像表现。

（2）熟悉心脏超声心动、妊娠的正常影像特点。

（3）了解临床常见疾病的超声特点

1）消化系统：脂肪肝、肝硬化、肝囊肿、胆结石、急性胆囊炎、慢性胆囊炎。

2）泌尿及男性生殖系统：泌尿系结石的声像图特征。

3）女性生殖系统：子宫肌瘤、异位妊娠。

4）心脏：二尖瓣狭窄、房间隔缺损、室间隔缺损。

诊疗技能要求：

（1）掌握腹部脏器、泌尿及男性生殖系统的超声检查方法。

（2）熟悉子宫、附件经腹部探测前准备、注意事项、检查方法。

（3）了解心脏超声心动的检查方法。

四、实习考核

（一）考核内容

临床实习考核是对临床医学专业学生能否实现教育培养目标的评价，即对每个学生政治、业务综合素质和能力的测试、评定。

实习考核包括出科鉴定、出科考核（理论考试、技术操作考试）。

考核的主要内容有：基础理论与专业知识，病历书写与病情记录，诊疗计划与操作技能，实习表现、学习态度、服务质量和组织纪律等。

（二）考核程序

1. 学生自我鉴定和总结

在本科室实习即将结束时，按照实习大纲及实习相关要求，首先进行自我鉴定和总结。

2. 带教老师出科鉴定

由实习学生所在实习科室带教老师客观综合评价实习学生对本专业应了解和必须掌握的处理临床工作的各种能力做出出科鉴定。鉴定结果填入实习手册中的《出科考核表》，科室负责人审核、签名。

3. 出科考核

由实习科室组织实习学生集中考试，安排在出科前一周内进行，主要采取笔试方式，也可采取口试方式进行。成绩由实习科室评定，教学主任或秘书签名或盖章。

出科考核成绩记入学生实习手册中《出科考核表》。

4. 毕业综合考核。

（三）考核评定方法及标准

1. 出科鉴定

（1）鉴定方法：由实习带教老师根据平时观察了解所掌握的学生学习、工作和思想情况等认真地逐项填写评语及记分。评价指标共五项，医德医风、病历及各项记录、诊疗计划与诊疗操作技术、工作学习态度、组织纪律。每项为20分。按优（18～20分）、良（16～17分）、中（14～15分）、及格（12～13分）、不及格（0～11分）进行评定，总分不满60分者为该科出科鉴定不及格。

（2）评分标准

1）医德医风：品行端正，能体现一切以患者为中心的宗旨，切忌有损于患者身心健康的言行，严禁因学习加重患者痛苦与病情的一切行为；体贴患者、对患者一视同仁，不以职谋私，不索收物品及接受馈赠；树立一丝不苟的工作作风，服装整洁，举止庄重；为人作风正派，尊敬师长，能正确处理与医护人员、同学、患者的关系。

2）病历及各项记录：病历书写及时、正规，内容完整、准确，文字简练、清晰、有逻辑性；能客观地记录病情变化，反映病情演变；对要求掌握病种的病史、检查结果、病情变化、诊治过程的综合分析好，能做出正确的诊断、护理及处理。

3）诊疗操作技术：主动学习基本操作技术，能严格按操作规程进行技术操作，步骤、方法正规熟练，操作细心谨慎；术前能领会要领、做好准备，术后能认真进行观察，出现问题及时处理，有一定的理论联系实际的综合分析能力，对要求掌握的病种能做出正确的诊断及处理，在医疗工作中有独立工作的能力，回答问题简练、正确、完整。

4）工作学习态度：服务态度好，工作学习积极主动，能按时完成各项学习任务，主动参加危重患者的抢救和护理工作，责任心强；虚心好学、刻苦钻研业务，能做到理论联系实际，在实习期间能参阅有关文献资料。

5）组织纪律：遵守学校和教学医院的各项规章制度，遵纪守法；服从管理，组织观念强，无迟到、早退及旷实习等现象，能遵守实习期间的请假规定。

（3）评定等级

1）优：能全面达到上述要求，在实习期间表现突出并得到带教老师及科室医护人员好评者。

2）良：较好地达到上述要求，没有不良现象反映者。

3）中：基本能达到上述要求，没有不良现象反映者。

4）及格：基本能达到上述要求，有轻微违纪行为，但经教育有改正表现者。

5）不及格：未能达到上述要求或有违纪行为，经教育无效者。

（4）评分要求：各教学科室带教老师评价记分时，必须全面考虑、实事求是、从严掌握、力求公正、能真正反映实习学生的实习情况；同一科室者最好彼此间加以纵横比较，必须防止趋中倾向，不要回避最高分和最低分。

实习学生在一个科室缺实习时间达三分之一者，不准参加出科成绩评定，待补实习后再参加评定。

补实习学生要向教学和学生管理部门说明原因，经其批准，待全部实习结束后方可安排补实习。

2. 出科考核

出科考核成绩记入学生实习手册中的《出科考核表》。出科考核主要为两个方面，即理论测试和实践操作。理论测试可采取笔试与口试方式相结合的方法对学生实习情况进行评价，以考查实习学生的思维分析和语言表达能力。技能操作采取现场评价的方法。出科考核由实习科室组织实习学生集中考试，安排在出科前一周内进行。成绩由实习科室评定，科主任签名或盖章。

3. 毕业综合考核

毕业综合考核由实习考核、专业综合知识考试和撰写病案报告三部分组成。实习考核成绩由实习医院相关科室提供，学生交实习手册进行成绩认定；专业综合知识考试由教务处统一进行考试，按百分制考评，60分及以上为合格，考试内容及试题难度与执业助理医师资格考试要求相一致；撰写病案报告要求学生撰写至少20个临床典型病例的病案报告。依据病案报告质量进行等级确定（优、良、合格、不合格）。毕业实习考核、专业综合知识考试、撰写病案报告均合格后毕业。

实习学生在全部实习结束后，如有一科以上（包括一科）无出科成绩或不及格，不能参加毕业综合考核。

口腔医学专业实习大纲

一、实习目的

毕业实习是实现总体培养目标,进行理论与实践综合训练的重要阶段。实习期间实习学生必须坚持全心全意为人民服务的宗旨,实行救死扶伤的革命人道主义,加强医德修养,增强临床工作责任感,培养严谨的工作作风,在上级医师指导下积极参加临床医疗实践工作。

通过临床实习,巩固专业基本理论和基本知识,培养独立分析问题和解决问题的能力;掌握常见口腔疾病的检查方法、诊断与鉴别诊断要点和治疗技能;掌握危急病症的治疗原则;在政治思想、职业道德、医疗技术、工作能力等方面得到全面锻炼,为做一名合格的口腔医生打下坚实的基础。

二、实习科目及时间分配

毕业实习采用轮转方式进行,时间安排在第三学年,共计40周,具体安排如下:

口腔颌面外科13周:门诊6周,病房7周。
口腔内科12周:门诊12周。
口腔修复科15周:门诊10周,技工室5周。

三、实习内容与要求

（一）口腔内科

1. 实习时间

12 周，门诊实习 12 周。

2. 实习要求

理论知识要求：

（1）掌握龋病的定义、分类、临床表现、诊断和治疗原则。

（2）掌握急、慢性牙髓炎和根尖周炎的临床表现、诊断和治疗原则。

（3）掌握牙周组织病的分类、临床表现、诊断和治疗原则。

（4）掌握口腔常见黏膜病（如扁平苔藓、红斑狼疮、口腔溃疡、白斑、带状疱疹等）的临床特征、诊断和治疗原则。

（5）熟悉牙体硬组织非龋性疾病的病因、种类和处理原则。

（6）了解各种常见的唇、舌部疾病。

（7）了解儿童牙病和老年牙病的基本特征和全身性疾病的口腔表征。

诊疗技能要求：

（1）能够独立完成口腔内科的病史采集、常规检查、病历的书写和记录。

（2）掌握口腔内科各种器械和材料的使用方法。

（3）掌握各种牙体、牙髓病及根尖周病的诊断与治疗方法。

（4）掌握牙周疾病的检查与诊断方法。

（5）掌握充填术、根管治疗术及超声波洁治术等常用治疗方法的操作要领。

（6）具备正确分析牙体 X 线片的能力。

（7）熟悉牙周疾病治疗方法的基本操作要领。

（8）了解临床常见口腔黏膜病的基本特征与治疗方法。

（9）了解新材料的种类、特性和适用范围。

（二）口腔颌面外科

1. 实习时间

13 周，其中门诊实习 6 周，病房实习 7 周。

2. 实习要求

理论知识要求：

（1）掌握各种局部麻醉（局麻）的方法，熟悉常用局麻药物特性、麻醉并发症及其处理，牙拔除术的适应证与禁忌证。

（2）掌握口腔颌面良性肿物、唾液腺疾病、感染及外伤等常见疾病的病因、临床表现、诊断和治疗方法。

（3）了解颌面部恶性肿瘤、颞下颌关节紊乱症、神经疾患、先天性唇腭裂等疾病的病因、临床表现与治疗方法。

诊疗技能要求：

（1）掌握口腔颌面外科常见疾病的病史采集、门诊病历与病房大病历的书写。

（2）掌握基本临床检查方法，会结合辅助检查报告对常见疾病做出初步诊断及鉴别诊断。

（3）掌握口腔颌面部局部麻醉的适应证和操作要领。

（4）能正确识别和使用拔牙的相关器械，掌握各种牙拔除术的操作要领。

（5）掌握颌面外伤的紧急处置方法。

（6）熟悉各种颌面部感染性疾病的诊断与处置方法。

（7）熟悉口腔颌面部手术的基本技术操作。

（8）了解颌面部肿瘤、颞下颌关节紊乱症、神经疾患、先天性唇腭裂等疾病的临床表现、诊断与手术治疗方法。

（三）口腔修复科

1. 实习时间

15 周，其中门诊实习 10 周，技工室实习 5 周。

2. 实习要求

理论知识要求：

（1）掌握牙体缺损的治疗方法。

（2）掌握牙列缺损的治疗方法：包括可摘局部义齿与固定义齿的组成、适应证、禁忌证、设计原则及义齿戴入后常见问题的处理。

（3）掌握无牙颌的解剖标志；掌握全口义齿的组成、适应证，影响义齿固位和稳定的因素及复诊常见问题。

（4）了解附着体义齿、覆盖义齿、种植义齿及套筒冠的组成、优缺点及制作方法。

（5）了解颌面部缺损及颞下颌关节疾病的修复治疗方法。

诊疗技能要求：

（1）掌握修复治疗的检查方法、病历记录及口腔准备等基本技能。

（2）掌握印模和模型的制作技术及常用材料的特性，熟悉口腔修复常用设备和器材的使用。

（3）掌握牙体、牙列缺损的修复方法

1）掌握可摘局部义齿的设计原理、修复方法及制作过程。能独立制作简单可摘局部义齿，了解铸造支架的制作方法。

2）掌握桩冠、嵌体、烤瓷熔附金属全冠及铸造全冠等固定修复方法的牙体预备及其他相关临床操作，熟悉固定义齿修复的包埋、铸造、打磨等制作过程。

（4）熟悉全口义齿制作的过程、印模要求、颌位关系的记录与转移方法，排牙原则及方法、义齿的选磨与调𬌗等相关知识。

（5）熟悉各类义齿戴入后问题的处理，了解各种修复体的常用修理技术。

（6）了解其他修复的方法：包括精密附着体、覆盖义齿、种植义齿、即刻义齿等。

四、实习考核

（一）考核内容

临床实习考核是对医学生能否实现医学教育培养目标的评价，即对每个学生政治、业务综合素质和能力的测试、评定。

实习考核包括出科鉴定、出科考核（理论考试、操作考试）。

考核的主要内容有：基础理论与专业知识，病历书写与病情记录，诊疗计划与操作技能，实习表现、学习态度、服务质量和组织纪律等。

（二）考核程序

1. 学生自我鉴定和总结

在本科室实习即将结束时，按照实习大纲及实习相关要求，首先进行自我鉴定和总结。

2. 带教老师出科鉴定

由实习学生所在实习科室带教老师客观综合评价实习学生对本专业应了解和必须掌握的处理临床工作的各种能力做出出科鉴定。鉴定结果填入实习手册中的《出科考核表》，科室负责人审核、签名。

3. 出科考核

由实习科室组织实习学生集中考试，安排在出科前一周内进行，主要采取笔试方式，也可采取口试方式进行。成绩由实习科室评定，教学主任或秘书签名或盖章。

出科考核成绩记入学生实习手册中的《出科考核表》。

4. 毕业考核

毕业考核包括实习考核、专业综合知识考试和撰写病案报告。

（三）考核评定方法及标准

1. 出科鉴定

（1）鉴定方法：由实习带教老师根据实习大纲的要求及平时观察了解所掌握的学生学习、工作和思想情况等认真地逐项填写评语及记分。评价指标共五项，包括医德医风、病历及各项记录、诊疗操作技术、工作学习态度、组织纪律。每项为20分。按优（18～20分）、良（16～17分）、中（14～15分）、及格（12～13分）、不及格（0～11分）进行评定，总分不满60分者为该科出科鉴定不及格。

（2）评分标准

1）医德医风：品行端正，能体现人民医生为人民的宗旨，切忌有损于患者身心健康的言行，严禁因学习加重患者痛苦与病情的一切行为；体贴患者、对患者一视同仁，不以职谋私，不索收物品及接受馈赠；树立严谨的医疗工作作风，服装整洁，举止庄重；为人作风正派，尊敬师长，团结群众，能正确处理与医护人员、同学及患者的关系。

2）病历及各项记录：病历书写及时、规范，内容完整、准确，文字简练、清晰、有逻辑性；能客观地记录病情变化，反映病情演变；书写的病程记录中，对病史、检查结果、病情变化和诊治过程综合分析后，在诊断、进一步检查及治疗上能提出自己的见解；能熟练掌握各科特殊病历的书写及各种表格的书写。

3）诊疗操作技术：主动学习基本操作技术，能严格按操作规程进行技术操作，步骤、方法正规熟练，操作细心谨慎；术前能领会要领、做好准备，术后能认真进行观察，出现问题及时处理，有一定的理论联系实际的综合分析能力，对要求掌握的疾病能做出正确的诊断及处理，在医疗工作中有独立工作的能力，回答问题简练、正确、完整。

4）工作学习态度：服务态度好，工作学习积极主动，能按时完成各项医疗学习任务，责任心强；虚心好学、刻苦钻研业务，努力学习基本理论、基本技能及操作，能做到理论联系实际。

5）组织纪律：认真遵守学校和教学医院的各项规章制度，遵纪守法，服从管理；按实习大纲和实习手册的要求来规范自己实习期间的言行举止；组织观念强，无迟到、早退及旷实习等现象，严格遵守实习期间的请假规定。

（3）评定等级

1）优：全面达到上述要求，在实习期间表现突出并得到带教老师及科室医护人员好评者。

2）良：较好地达到上述要求，没有不良现象反映者。

3）中：基本能达到上述要求，没有不良现象反映者。

4）及格：基本能达到上述要求，有轻微违纪行为，但经教育有改正表现者。

5）不及格：未能达到上述要求或有违纪行为，经教育无效者。

（4）评分要求：各教学科室带教老师评价记分时，必须综合考虑、实事求是、从严把握、力求公正、能真正反映实习学生的实习情况；同一科室者最好彼此间加以纵横比较，必须防止趋中倾向，不要回避最高分和最低分。

实习学生在一个科室缺实习时间达三分之一者，不准参

加出科成绩评定，待补实习后再参加评定。

补实习学生要向教学和学生管理部门说明原因，经其批准，待全部实习结束后方可安排补实习。

2. 出科考核

出科考核由实习所在科室统一组织，可采取临床病例分析、理论测试或实践操作相结合，主要采取笔试方式，也可采取口试或实践操作的方式进行，内容有病例分析、提问回答、基本技能操作考核等。成绩由实习科室评定，考核成绩要填入实习手册，教学主任或秘书签名或盖章，作为实习考核成绩。

3. 毕业考核

毕业考核包括毕业实习考核、专业综合知识考试和撰写病案报告。在顶岗实习期间，必须通过全部实习科室的考核，各科室成绩均取得合格后，认定为实习考核通过。在实习期间，学生还要结合临床诊疗经历和实习体会撰写一份病案报告。完成上述两项考核后，返校参加学校组织的毕业前专业综合知识考试，考试过程以笔试答题的形式进行，考试内容以专业基础知识和临床实践知识并重，评价学生对专业知识和专业能力的掌握程度。考核各项均合格者方可准予毕业。

实习学生在全部实习结束后，有一科以上（包括一科）无出科成绩或不及格，不能参加毕业考核。

口腔医学技术专业实习大纲

一、实习目的

毕业实习是实现总体培养目标,进行理论与实践综合训练的重要阶段。实习期间学生必须坚持全心全意为人民服务的宗旨,加强品德修养,增强工作责任感,培养严谨的工作作风,在上级技师指导下积极参加医疗实践工作。

通过生产实习,巩固专业基本理论和基本知识,培养独立分析问题和解决问题的能力;掌握各种常用的口腔工艺修复技术;掌握口腔修复材料的应用知识;掌握口腔医学技术的基本理论和基本技能;在政治思想、职业道德、专业技术、工作能力等方面得到全面锻炼,为做一名合格的口腔医学技术专业人才打下坚实的基础。

二、实习科目及时间分配

毕业实习采用轮转方式进行,时间安排在第三学年,共计 40 周,具体安排如下:

1. 固定义齿修复工艺 20 周,其中

模型与代型技术	2 周
熔模技术	5 周
包埋铸造技术	3 周
烤瓷熔附金属修复技术	5 周
全瓷技术	4 周
磨光抛光技术	1 周

2. 可摘义齿修复工艺 15 周，其中

弯制卡环及支架技术　　　　　　　　4 周

铸造卡环及支架技术　　　　　　　　4 周

排牙及蜡基托塑形技术　　　　　　　4 周

装盒、除蜡、充填树脂及热处理技术　2 周

打磨抛光技术　　　　　　　　　　　1 周

3. 全口义齿修复工艺 5 周

三、实习内容与要求

（一）理论知识要求

1. 掌握翻制模型中确保精确性的原理。
2. 掌握合金冷加工中材料性能变化的理论。
3. 掌握全口义齿和可摘局部义齿人造牙排列的理论。
4. 掌握铸造技术的有关理论。
5. 掌握固定义齿制作的理论。
6. 掌握金属焊接的理论。
7. 掌握瓷修复技术的有关理论。
8. 掌握着色牙的修复治疗、牙折的修复治疗及各种异常牙的美学修复。
9. 掌握牙齿的形态美和色泽美的美学标准。
10. 了解颌面赝复体制作的理论。
11. 了解牙周夹板、粘接性修复的应用原理。
12. 掌握种植义齿和精密附着体制作理论。

（二）实践技能要求

1. 掌握口腔石膏模型的灌制技术。
2. 掌握金属支架弯制技术。
3. 掌握全口义齿和可摘局部义齿排牙技术。
4. 掌握牙冠雕塑技术。

5. 掌握义齿基托蜡型制作技术。
6. 掌握熔模及铸型的制作技术。
7. 掌握中、高熔合金的熔铸技术。
8. 掌握固定义齿制作及焊接技术。
9. 掌握热凝塑料装盒、填胶技术。
10. 掌握自凝塑料的使用方法及义齿修理技术。
11. 掌握金属－烤瓷冠的制作技术。
12. 了解颌面赝复体及牙周夹板的制作技术。
13. 掌握种植义齿及精密附着体的制作技术。

四、实习考核

（一）考核内容

实习考核是对医学生能否实现医学教育培养目标的评价，即对每个学生政治、业务综合素质和能力的测试、评定。

实习考核包括：出科鉴定、出科考核（理论考试、操作技术考试）。

考核的主要内容有：基础理论与专业知识，各种义齿的设计与制作工艺，实习表现、学习态度、服务质量和组织纪律等。

（二）考核程序

1. 学生自我鉴定和总结

在本科室实习即将结束时，按照实习大纲及实习相关要求，首先进行自我鉴定和总结。

2. 带教老师出科鉴定

由实习学生所在实习科室带教老师客观综合评价实习学生的实习情况，并针对学生对本专业理论知识和操作技能的掌握程度和具备能力做出鉴定。鉴定结果填入实习手册中的《出科考核表》，科室负责人审核、签名。

3. 出科考核

由实习科室组织实习学生集中考试，安排在出科前一周内进行，主要采取技能操作方式，也可采取口试方式进行。成绩由实习科室评定，教学主任或秘书签名或盖章。

出科考核成绩记入学生实习手册中的《出科考核表》。

4. 毕业综合考试。

（三）考核评定方法及标准

1. 出科鉴定

（1）鉴定方法：由实习带教老师根据实习大纲的要求及平时观察了解所掌握的学生学习、工作和思想情况等认真地逐项填写评语及记分。评价指标共五项，包括职业道德、理论基础、技能操作、工作学习态度、组织纪律。每项为20分。按优（18~20分）、良（16~17分）、中（14~15分）、及格（12~13分）、不及格（0~11分）进行评定，总分不满60分者为该科出科鉴定不及格。

（2）评分标准

1）职业道德：品行端正，能体现为人民服务的宗旨，切忌有损于职业道德的言行；树立一丝不苟的工作作风，服装整洁，举止庄重；为人作风正派，尊敬师长，团结群众，能正确处理与领导、带教老师及同事的关系。

2）理论基础：认真学习专业理论基础知识，能够熟练掌握各种口腔材料的组成、性能和使用方法；能够熟练掌握全口义齿、可摘局部义齿和固定义齿等修复体制作的相关理论；熟悉牙齿的形态美和色泽美的相关知识；了解颌面赝复体制作的理论和牙周夹板、粘接性修复的应用原理。

3）技能操作：主动学习基本操作技术，能严格按操作规程进行技术操作，步骤、方法正规熟练，操作细心谨慎；能领会要领、掌握注意事项，出现问题及时处理，有一定的理论联系实际的综合分析能力，对要求掌握的各种修复工艺能够独立完成，回答问题简练、正确、完整。

4）工作学习态度：服务态度好，工作学习积极主动，能按时完成各项学习任务，责任心强；虚心好学、刻苦钻研业务，努力学习基本理论、基本技能及基本操作，能做到理论联系实际。

5）组织纪律：能认真遵守学校和教学实习单位的各项规章制度，遵纪守法；服从管理，能按实习手册的要求来规范自己实习期间的言行举止；组织观念强，无迟到、早退及旷实习等现象，能遵守实习期间的请假规定。

（3）评定等级

1）优：总分 90～100 分。

2）良：总分 80～89 分。

3）中：总分 70～79 分。

4）及格：总分 60～69 分。

5）不及格：总分 ≤59 分。

（4）评分要求：各教学科室带教老师评价记分时，必须全面考虑、实事求是、从严掌握、力求公正、能真正反映实习学生的实习情况；同一科室者最好彼此间加以纵横比较，必须防止趋中倾向，不要回避最高分和最低分。

实习学生在一个科室缺实习时间达三分之一者，不准参加出科成绩评定，待补实习后再参加评定。

补实习学生要向教学和学生管理部门说明原因，经其批准，待全部实习结束后方可安排补实习。

2. 出科考核

出科考核由实习所在科室统一组织，可采取实践操作与理论测试相结合，以技能操作方式为主，也可采取口试或笔试的方式进行，内容有义齿制作、提问回答、基本技能操作考核等。成绩由实习科室评定，考核成绩要填入实习手册，教学主任或秘书签名或盖章。

3. 毕业综合考试

毕业综合考试由两部分组成，第一部分即临床技能综合考试，由口腔医学学科负责组织；第二部分即毕业实习后理论考试——毕业考试，由学校统一组织。

口腔医学技术专业毕业考试科目（3门）：固定义齿工艺技术、全口义齿工艺技术、可摘局部义齿工艺技术。

实习学生在全部实习结束后，有一科以上（包括一科）无出科成绩或不及格，不能参加毕业综合考试。

医学营养专业实习大纲

一、实习目的

毕业实习是实现人才培养目标的重要环节之一，是巩固和提高所学专业基础理论、基本知识和基本技能，强化实践训练，提高技能应用能力，进一步培养独立工作能力、分析和解决问题能力、团队协作能力的重要阶段。通过实习，按照各职业岗位（临床营养技师岗位、公共营养师岗位等）要求，进一步熟悉掌握和应用相关知识和技能，达到具备职业岗位能力的目标，为工作和职业发展奠定较坚实的基础。

二、实习时间安排

1. 专业岗位实习　24周，安排在临床营养和公共营养相关岗位进行，完成各项专业相关的实习内容。

2. 专业方向拓展实习　16周，结合"双领域"岗位要求和学生就业意向进行，培养学生良好的综合素质，丰富学生的社会工作经验，提高学生就业能力。

具体安排见下表：

医学营养专业实习岗位及时间分配

岗位方向	专业岗位实习24周	专业方向拓展实习16周
卫生服务领域	临床营养岗位24周	16周
健康服务领域	临床营养岗位12周 公共营养岗位12周	16周

三、实习内容及要求

（一）卫生服务领域

1. 专业岗位实习时间为 24 周，主要在临床营养岗位实习。
2. 实习内容

（1）掌握基本膳食及各种治疗膳食的适用对象、膳食要求及配制方法，掌握医院内已开展的一些试验膳食的配制。

（2）掌握要素膳的配制、适用对象和操作方法。

（3）掌握管饲的适应证，管饲饮食的配制方法和适用操作要点。

（4）学习制订营养治疗食谱和营养支持疗法方案。

（5）掌握下列各种疾病的营养治疗

- 心血管疾病：如高血压、冠心病和心力衰竭、高脂血症等。
- 胃肠道疾病：如消化性溃疡、胃炎、腹泻和溃疡性结肠炎等。
- 肝胆胰疾病：如肝硬化、肝性脑病、胆石症和胰腺炎等。
- 肾脏疾病：如急、慢性肾小球肾炎，肾病综合征，急、慢性肾衰竭等。
- 血液病：如缺铁性贫血、巨幼细胞性贫血等。
- 代谢性及内分泌疾病：如糖尿病、肥胖、痛风、甲状腺功能亢进症、甲状腺功能减退症。
- 传染病：如病毒性肝炎、结核病、痢疾和伤寒等（视情况而定）。
- 肿瘤患者：如放疗、化疗期间的营养支持和晚期癌症患者的营养支持等。
- 外科疾病：如手术前后营养治疗原则（包括口腔外

科疾病、胃大部切除术、短肠综合征和烧伤等）。
- ➢ 骨科疾病：骨质疏松症、佝偻病等。
- ➢ 儿科疾病：除应掌握基本奶、治疗奶、治疗饮料及儿科基本膳食的配制方式、特点及适应证外，疾病以小儿发热、营养性贫血、婴儿腹泻、糖尿病、肾脏病和心脏病等为主。
- ➢ 妇产科：如孕、产妇营养包括妊娠期、分娩期和产褥期营养（视情况而定）。

（6）初步掌握医院营养室的行政、膳食及卫生管理办法。

（7）有条件的医院应让实习生熟悉本院已开展的静脉营养工作。

3. 实习要求

（1）熟悉营养科的工作，掌握基本膳食和治疗膳食的配制和适用对象。

（2）学会制订营养治疗方案和食谱并根据病情变化不断修改营养医嘱。

（3）掌握临床营养支持的常用手段（完全静脉营养）。

（4）熟悉营养科的管理工作（行政、膳食、卫生）。

4. 实习措施

（1）听取科（室）主任介绍工作制度及常规工作。

（2）在带教老师指导下熟悉各项常规工作。

（3）实习生应深入病房，访视患者，写出营养支持意见，制订合适食谱。4周后逐步过渡为独立进行上述工作。对实习生制定的营养支持意见和食谱，需带教营养师检查修改后方可执行。

（4）每月参加1~2次专题讲座或进行典型病例的营养治疗讨论。

（5）实习期间应学会个案病例营养调查并学习查阅文献，

专题设计进行实验研究、分析、总结资料、撰写论文。

（二）健康服务领域

1. 专业岗位实习时间为 24 周，其中，公共营养岗位 12 周，临床营养岗位 12 周。

2. 实习内容

（1）公共营养岗位（12 周）：

在社区卫生服务中心、母婴护理中心、健康管理公司、食品和保健品公司等机构学习营养咨询、营养评估、营养宣教、膳食指导、健康教育项目设计实施等工作，掌握各类人群的营养配餐技术并通过 2~3 个工作项目体现学习效果。

在宾馆饭店和营养配餐公司学习团膳营养食谱的制定和点菜辅助、营养标签的制作、营养文化的建设和餐饮工作人员的营养知识和技能培训。在体重管理中心实习肥胖、代谢综合征和消瘦人群的体重和健康管理工作。

（2）临床营养岗位（12 周）：

通过在医院营养科实习熟悉下列疾病营养治疗方法。

- ➢ 心血管疾病：如高血压、冠心病和心力衰竭、高脂血症等。
- ➢ 胃肠道疾病：如消化性溃疡、胃炎、腹泻和溃疡性结肠炎等。
- ➢ 肝胆胰疾病：如肝硬化、肝性脑病、胆石症和胰腺炎等。
- ➢ 肾脏疾病：如急、慢性肾小球肾炎，肾病综合征，急、慢性肾衰竭等。
- ➢ 血液病：如缺铁性贫血、巨幼细胞性贫血等。
- ➢ 代谢性及内分泌疾病：如糖尿病、肥胖、痛风、甲状腺功能亢进症、甲状腺功能减退症。
- ➢ 传染病：如病毒性肝炎、结核病、痢疾和伤寒等

（视情况而定）。
- ➢ 肿瘤患者：如放疗、化疗期间的营养支持和晚期癌症患者的营养支持等。
- ➢ 外科疾病：如手术前后营养治疗原则（包括口腔外科疾病、胃大部切除术、短肠综合征和烧伤等）。
- ➢ 骨科疾病：骨质疏松症、佝偻病等。
- ➢ 儿科疾病：除应掌握基本奶、治疗奶、治疗饮料及儿科基本膳食的配制方式、特点及适应证外，疾病以小儿发热，营养性贫血、婴儿腹泻、糖尿病、肾脏病和心脏病等为主。
- ➢ 妇产科：如孕、产妇营养包括妊娠期、分娩期和产褥期营养（视情况而定）。

3. 实习要求

（1）掌握膳食营养状况调查分析、人体营养状况测定和评价，能进行营养相关慢性病的膳食营养指导工作。

（2）熟悉各种疾病的营养治疗方法。

（3）掌握营养配餐技术，并在相应实习岗位的工作项目中应用。

（4）掌握对不同年龄、不同人群营养状况的分析评估，能进行社区、学校、幼儿园、健康管理中心及老、幼、孕等人群的营养咨询教育、膳食评估和指导、营养管理和营养干预工作。

4. 实习措施

（1）在带教老师指导下熟悉各项常规工作。

（2）实习期间参加1～2次有关实习内容的专题讨论。

（3）实习期间应学习查阅文献，专题设计进行实验研究。

四、实习考核

岗位实习考核是对医学营养专业学生能否实现教育培养

目标的评价,即对每个学生政治、业务综合素质和能力的测试、评定。

(一) 考核内容

考核内容包括出科鉴定和出科考核(理论考试、技术操作考试)。

(二) 考核程序

1. 自我鉴定

在本科室实习即将结束时,按照实习大纲及实习相关要求,首先进行自我鉴定和总结。

2. 带教老师评语和出科鉴定

由带教老师客观综合评价实习学生对本专业应了解和必须掌握的基本理论和基本技能进行综合评价,结合学生平时表现(主要包括思想品德、组织纪律、工作态度、操作能力、团结友爱等),形成带教老师评语和出科鉴定,填入实习手册中的《出科考核表》中,带教老师评语由带教老师签字,出科鉴定由科室负责人审核、签名。

3. 出科考核

由实习单位组织考核,并确定考核等级,主要采取笔试方式,也可采取口试方式进行。成绩记录在实习手册,教学主任或秘书签名或盖章。

4. 毕业综合考核

(三) 考核评定方法及标准

1. 出科鉴定

(1) 鉴定方法:由实习带教老师根据实习大纲的要求及平时观察了解所掌握的学生学习、工作和思想情况等认真地逐项填写评语及记分。评价指标共五项,包括医德医风、理论基础、技能操作、工作学习态度、组织纪律。每项为20分。按优(18~20分)、良(16~17分)、中(14~15分)、及格（12～13分）、不及格（0～11分）进行评定，总分不满60分者为该科出科鉴定不及格。

（2）评分标准

1）医德医风：品行端正，能体现人民医生为人民的宗旨，切忌有损于医德医风的言行；树立一丝不苟的工作作风，服装整洁，举止庄重；为人作风正派，尊敬师长，团结群众，能正确处理与领导、带教老师及同事的关系。

2）理论基础：认真学习专业理论基础知识，能够熟练掌握膳食营养状况调查分析、人体营养状况测定和评价；能进行营养相关慢性病的膳食营养指导工作；掌握营养配餐技术，并在相应实习岗位的工作项目中应用；掌握对不同年龄、不同人群营养状况的分析评估，能进行社区、学校、幼儿园、健康管理中心及老、幼、孕等人群的营养咨询教育、膳食评估和指导、营养管理和营养干预工作。熟悉各种疾病的营养治疗方法。

3）技能操作：主动学习基本操作技术，能严格按操作规程进行技术操作，步骤、方法正规熟练，操作细心谨慎；能领会要领、掌握注意事项，出现问题及时处理，有一定的理论联系实际的综合分析能力，对要求掌握的各种疾病的营养治疗方案能够独立完成，回答问题简练、正确、完整。

4）工作学习态度：服务态度好，工作学习积极主动，能按时完成各项学习任务，责任心强；虚心好学、刻苦钻研业务，努力学习基本理论、基本技能及基本操作，能做到理论联系实际。

5）组织纪律：能认真遵守学校和教学实习单位的各项规章制度，遵纪守法；服从管理，能按实习大纲和实习手册的要求来规范自己实习期间的言行举止；组织观念强，无迟到、早退及旷实习等现象，能遵守实习期间的请假规定。

（3）评定等级

1）优：总分 90～100 分。

2）良：总分 80～89 分。

3）中：总分 70～79 分。

4）及格：总分 60～69 分。

5）不及格：≤59 分。

（4）评分要求：各教学科室带教老师评价记分时，必须全面考虑、实事求是、从严把握、力求公正、能真正反映实习学生的实习情况；同一科室者最好彼此间加以纵横比较，必须防止趋中倾向，不要回避最高分和最低分。

实习学生在一个科室缺实习时间达三分之一者，不准参加出科成绩评定，待补实习后再参加评定。

补实习学生要向教学和学生管理部门说明原因，经其批准，待全部实习结束后方可安排补实习。

2. 出科考核

出科考核由实习所在科室统一组织，可采取临床病例分析、实践操作或理论测试相结合，主要采取技能操作方式，也可采取口试或笔试的方式进行，内容有病例分析、提问回答、基本技能操作考核等。成绩由实习科室评定，考核成绩要填入实习手册，教学主任或秘书签名或盖章。

3. 毕业综合考核

毕业综合考核由毕业实习考核、专业综合知识考试和健康科普论文答辩三部分组成。实习考核成绩由实习医院相关科室提供，学生交实习手册进行成绩认定；专业综合知识考试由教务处统一进行考试，按百分制考评，60 分为合格，考试内容及试题难度与注册营养技师大纲要求相一致；健康科普论文答辩要求每名学生撰写一篇健康与营养相关的科普文章，系部组织论文评审小组对论文进行评定，并组织论文答辩，依据论文评审及答辩成绩进行等级确定（优秀、良好、中等、合格、不合格）。毕业实习考核、专业综合知识考试、健康科普论文答辩均合格后予以毕业。

实习学生在全部实习结束后，如有一科以上（包括一科）无出科成绩或不及格，不能参加毕业综合考试。

健康管理专业实习大纲

一、实习目的

通过毕业实习，贯彻执行党的教育方针和卫生工作方针，坚持理论与实践相结合的教学原则，确立正确的人生观、价值观，树立全心全意为人民服务的思想，培养良好的医德医风、健康的心理素质、牢固的职业意识、严谨的科学态度和实事求是的工作作风。通过毕业实习，进一步明确职业理念，巩固和加深所学医学专业理论知识，熟练地进行技能操作，培养较强的独立工作能力，具有对专业所涉及的医疗卫生工作的常见问题、多发问题的初步和应急处理能力，能开展健康教育和预防工作。

在毕业实习期间，要求实习生树立救死扶伤、实行革命人道主义精神和全心全意为人民服务的思想，培养良好的医德医风和严谨的工作作风。坚持以人为本，诚实守信。要求掌握专业领域涉及的基本理论、基本技能、基本操作，了解新知识、新技术和相关学科的进展，加强临床思维能力的培养。完成实习大纲规定的教学要求，实现专业培养目标，为毕业后的职业生涯打下良好的基础。

二、实习科目及时间分配

毕业实习采用轮转方式进行，时间安排在第三学年，共计40周，主要在健康管理中心、营养与预防保健科及心血管内科、老年病科实习，具体安排如下：

（一）健康管理中心 28 周

健康检测评估与干预	8 周
组织协调与沟通合作	3 周
信息收集与分析	4 周
健康管理文档写作与制作	4 周
健康教育与健康咨询	8 周
健康产品的营销	1 周

（二）营养及预防保健科 4 周

临床营养及预防保健工作　　　　　　　4 周

（三）心血管内科 4 周

心血管内科常见病的诊断、治疗及转归　　4 周

各实习单位也可根据实际情况安排学生在各科室轮转。

（四）老年病科 4 周

老年病科常见病的诊断、治疗及转归　　4 周

各实习单位也可根据实际情况安排学生在各科室轮转。

三、实习内容与要求

（一）健康管理中心

1. 健康检测评估与干预

教学目的和要求：掌握临床医学、中医学、预防医学、健康营养学、健康运动学、健康心理学的基本知识，熟悉临床检测、评估与干预基本方法和内容。根据阅读标准、分析体检报告进行各种临床非医疗操作训练和干预方案制定。

教学内容：

（1）健康数据检测：掌握常见慢性病的早期筛查方法，熟悉血压、血糖、血氧、体重、腰腹围、体成分分析、尿常规、血胆固醇、血尿酸等检查操作，了解检前、检中、检后

日常工作流程。

（2）健康检测报告阅读：掌握常见检测结果阅读、分析与健康风险评估方法，熟悉个体化体检方案制定，了解主检报告书写规范。

（3）中医常用检测方法、评估及干预：掌握中医体质辨识评估、经络穴位辨识评估、常见保健及药食同源中药应用、穴位保健方法、运动保健方法。

（4）常用应急救护技术：掌握心肺复苏、包扎止血、固定搬运方法。

（5）常见照护技能：掌握日常生活能力评估、生活质量评估、日常照护方法。

（6）运动功能检测及评估：掌握运动功能检测、评估及运动处方的制定。

（7）认知及心理检测与评估：掌握常用心理学自评量表、他评量表使用及评估，认知功能评估。

（8）营养问题评估及干预：掌握营养评估、个性化营养处方制定的操作。

（9）跌倒风险评估与干预：熟悉跌倒风险检测与评估方法，掌握平衡训练方案、增肌训练方案、统合训练方案制定的方法。

（10）认知障碍评估与干预：熟悉认知障碍检测与评估、综合干预方案制定、娱乐干预及团体干预的方法。

（11）睡眠障碍评估与干预：熟悉睡眠障碍检测与评估、综合干预方法。

2. 组织协调与沟通合作

教学目的和要求：掌握管理学的基本理论，熟悉管理沟通和组织协调的基本技能，利用专业知识向个体或群体提供以沟通为主要手段的健康管理服务。

教学内容：

（1）分诊咨询及随访服务：根据个体的身体基本信息和危险因素调查信息，熟练设计适合个性化体检方案的技能。向客户推荐体检项目、解释健康管理方案的技巧。根据个体及群体体检报告进行报告解读分析、远程健康管理和线下健康管理服务的技能。

（2）团队训练技能：掌握自我保健操训练、集体文娱活动训练、团队建设活动训练、团体心理训练方法。

3. 信息收集与分析

教学目的和要求：掌握心理学、健康信息管理学、健康管理学等基本知识，对个体及群体医学健康信息、身体功能信息、社会交往及心理健康信息进行全面、系统的收集、分析和评估，为健康干预方案制定奠定科学基础。

教学内容：

（1）健康管理 APP 应用及后台管理。

（2）建立个人健康档案：熟悉建立个人健康档案的方法，包括设计健康信息调查表、健康体检信息记录表、封面信、指导语（填表说明）、个人编码、表格预实验、电子信函方式建档的方法。

（3）常用健康管理表格应用：掌握高血压、糖尿病、冠心病、脑卒中人群筛查、随访及健康管理流程图的应用方法。

（4）个人健康分析：熟练掌握根据个人体检报告和数据分析、制定个人健康管理方案的技能。

（5）人群健康分析：熟练掌握根据提供的各种健康数据，进行分析并制定人群健康管理方案的技能。

（6）健康动态信息分析：根据提供的动态病例信息（包括血压、血糖、饮食、用药变化等信息），完成健康分析报告及综合健康改进建议报告的技能。

4. 健康管理文档写作与制作

教学目的和要求：掌握健康调查问卷、各种健康管理文档撰写的基本理论和方法，根据实际需求撰写各种健康管理文档。

教学内容：

（1）调查问卷设计：掌握设计健康类调查问卷的技能。

（2）健康评定及生活方式评估表格制定：熟练掌握高血压、糖尿病风险水平分层、预后分析、分级管理、干预评估表格设计及制定的技能。

（3）群体干预计划和实施方案：根据提供的群体调查的基本信息和案例，熟练制定群体干预计划和实施方案的技能。

5. 健康教育与健康咨询

教学目的和要求：掌握健康教育、健康咨询的概念和有关基本理论，熟悉健康教育的基本原则、内容，健康促进的策略、步骤，了解健康教育与健康促进在健康服务中的重要意义。

教学内容：

（1）群体健康教育计划书制定：根据提供的群体调查的基本信息，熟练掌握制定群体健康教育计划书技能。

（2）健康教育宣传素材编制及演讲：根据常见慢性病（高血压、糖尿病、冠心病、肥胖症、脑卒中、慢阻肺、骨质疏松、痛风、肿瘤、慢性腰腿痛）的各个健康教育知识点，选择其中一个疾病制作 PPT 并进行演讲的技能。

（3）健康教育与咨询互动平台的制定与运用：根据现有的条件能够运用现有或是重新构建互动平台进行健康教育与咨询的技能。

6. 健康产品的营销

教学目的和要求：掌握综合运用健康危险因素、健康干预、健康促进理念的思路，熟悉健康产品的营销方法，并了解其流程。

教学内容：健康服务与健康产品营销。

（二）营养及预防保健科

教学目的和要求：熟练掌握常见疾病营养治疗方法，掌握综合运用健康危险因素、健康干预、健康促进理念的思路，并了解其工作流程。

教学内容：熟练掌握心血管疾病、胃肠道疾病、肝胆胰疾病、肾脏疾病、代谢性内分泌疾病、儿科等疾病营养治疗方法（视情况而定）。掌握膳食营养状况调查分析、人体营养状况测定和评价方法；能进行营养相关慢性病的膳食营养指导工作；掌握对不同年龄、不同人群营养状况的分析评估，能进行社区、学校、幼儿园、健康管理中心及老、幼、孕等人群的营养咨询教育、膳食评估和指导、营养管理和营养干预工作。

（三）心血管内科

教学目的和要求：通过实习，参加交班、查房、开写医嘱、病例讨论、教学查房等一系列教学活动，巩固和加深心血管内科常见病的诊断和治疗知识，了解医院病房运作流程，进一步了解常见疾病的诊疗及病情转归知识。

教学内容：心血管内科常见病的诊断、治疗及转归。

（四）老年病科

教学目的和要求：通过实习，参加交班、查房、开写医嘱、病例讨论、教学查房等一系列教学活动，巩固和加深老年病科常见病的诊断和治疗知识，了解医院病房运作流程，进一步了解常见疾病的诊疗及病情转归知识。

教学内容：老年病科常见病的诊断、治疗及转归。

四、实习考核

岗位实习考核是对健康管理专业学生能否实现教育培养目标的评价，即对每个学生政治、业务综合素质和能力的测试、评定。

（一）考核内容

考核内容包括出科鉴定和出科考核（理论考试、技术操作考试）。

（二）考核程序

1. 自我鉴定

在本科室实习即将结束时，按照实习大纲及实习相关要求，首先进行自我鉴定和总结。

2. 带教老师评语和出科鉴定

由带教老师客观综合评价实习学生对本专业应了解和必须掌握的基本理论和基本技能进行综合评价，结合学生平时表现（主要包括思想品德、劳动纪律、工作态度、操作能力、团结友爱等），形成带教老师评语并做出出科鉴定，填入实习手册中的《出科考核表》中，带教老师评语由带教老师签字，出科鉴定由科室负责人审核、签名。

3. 出科考核

由实习单位组织考核，并确定考核等级，主要采取笔试方式，也可采取口试方式进行。成绩记录在实习手册，教学主任或秘书签名或盖章。

4. 毕业综合考核。

（三）考核评定方法及标准

1. 出科鉴定

（1）鉴定方法：由实习带教老师根据平时观察了解所掌

握的学生学习、工作和思想情况等认真地逐项填写评语及记分。评价指标共五项，包括医德医风、理论基础、技能操作、工作学习态度、组织纪律。每项为20分。按优（18～20分）、良（16～17分）、中（14～15分）、及格（12～13分）、不及格（0～11分）进行评定，总分不满60分者为该科出科鉴定不及格。

（2）评分标准

1）医德医风：品行端正，能体现人民医生为人民的宗旨，切忌有损于医德医风的言行；树立一丝不苟的工作作风，服装整洁，举止庄重；为人作风正派，尊敬师长，团结群众，能正确处理与领导、带教老师及同事的关系。

2）理论基础知识：认真学习专业理论基础知识，能够掌握常见慢性病的早期筛查方法，熟悉血压、血糖、血氧、体重、腰腹围、体成分分析、尿常规、血胆固醇、血尿酸等检查操作，了解检前、检中、检后日常工作流程。掌握常见检测结果阅读、分析与健康风险评估方法，熟悉个体化体检方案制定，了解主检报告书写规范。掌握中医体质辨识评估、经络穴位辨识评估、常见保健及药食同源中药应用、穴位保健方法、运动保健方法。掌握日常生活能力评估、生活质量评估、日常照护方法。掌握常用心理学自评量表、他评量表使用及评估，认知功能评估。熟练设计适合个性化体检方案的技能等。

3）实践操作技术：主动学习基本操作技术，能严格按操作规程进行技术操作，步骤、方法正规熟练，操作细心谨慎；能领会要领、掌握注意事项，出现问题及时处理，有一定的理论联系实际的综合分析能力，对要求掌握的各种健康问题处置方案能够独立完成，回答问题简练、正确、完整。

4）工作学习态度：服务态度好，工作学习积极主动，能按时完成各项学习任务，责任心强；虚心好学、刻苦钻研业务，努力学习基本理论、基本技能及基本操作，能做到理论联系实际。

5）组织纪律：能认真遵守学校和教学实习单位的各项规章制度，遵纪守法；服从管理，能按实习手册的要求来规范自己实习期间的言行举止；组织观念强，无迟到、早退及旷实习等现象，能遵守实习期间的请假规定。

（3）评定等级

1）优：总分90～100分。

2）良：总分80～89分。

3）中：总分70～79分。

4）及格：总分60～69分。

5）不及格：≤59分。

（4）评分要求：各教学科室带教老师评价记分时，必须全面考虑、实事求是、从严把握、力求公正、能真正反映实习学生的实习情况；同一科室者最好彼此间加以纵横比较，必须防止趋中倾向，不要回避最高分和最低分。

实习学生在一个科室缺实习时间达三分之一者，不准参加出科成绩评定，待补实习后再参加评定。

补实习学生要向教学和学生管理部门说明原因，经其批准，待全部实习结束后方可安排补实习。

2. 出科考核

出科考核由实习所在科室统一组织，可临床病例分析、实践操作或理论测试相结合，主要采取技能操作方式，也可采取口试或笔试的方式进行，内容有病例分析、提问回答、基本技能操作考核等。成绩由实习科室评定，考核成绩要填入实习手册，教学主任或秘书签名或盖章。

3. 毕业综合考核

毕业综合考核由毕业实习考核、专业综合知识考试和健康科普论文答辩三部分组成。实习考核成绩由实习医院相关科室提供，学生交实习手册进行成绩认定；专业综合知识考试由教务处统一进行考试，按百分制考评，60分及以上为合格，考试内容及试题难度与健康管理师大纲要求相一致；健康科普论文答辩要求每名学生撰写一篇健康与营养相关的科普文章，系部组织论文评审小组对论文进行评定，并组织论文答辩，依据论文评审及答辩成绩进行等级确定（优秀、良好、中等、合格、不合格）。毕业实习考核、专业综合知识考试、健康科普论文答辩均合格后予以毕业。

实习学生在全部实习结束后，如有一科以上（包括一科）无出科成绩或不及格，不能参加毕业综合考核。

康复治疗技术专业实习大纲

一、实习目的

毕业实习是完成人才培养方案的重要教学环节。通过实习，培养和锻炼学生综合运用所学基础理论、基本技能和专业知识进行独立分析和解决临床实际问题的能力，使理论与实践相结合，提高实践动手能力。通过实习达到以下目的：

1. 实习学生要树立救死扶伤、全心全意为患者服务的思想，培养良好的医德医风和严谨的工作作风，熟悉医院工作制度、规则、程序。

2. 掌握常见疾病和损伤的检查方法，诊断、鉴别诊断要点和评估方法。

3. 掌握各种康复治疗技术（运动疗法、物理因子疗法、作业疗法、言语疗法以及传统中医康复疗法），并能独立地利用上述治疗技术对常见疾病和损伤进行康复治疗和训练。

4. 了解新理论、新知识、新技能和康复学科的进展，加强临床思维、交流和自主学习能力的培养。

5. 完成各学科实习大纲规定的教学要求。实习结束时，在政治思想、职业道德、医疗技术、工作能力等方面得到全面锻炼和提高，为今后从事康复临床医疗工作打下良好的基础。

二、实习科目及时间分配

毕业实习采用轮转方式进行，时间安排在第三学年，共计 40 周，具体安排如下：

康复治疗技术专业实习科目及时间分配

序号	实习科目	实习时间
1	内科	6 周
2	外科	6 周
3	医学影像科	2 周
4	理疗科	2 周
5	针灸推拿科	8 周
6	康复医学科	16 周

三、实习内容及要求

（一）内科

1. 实习时间 6 周，主要在神经内科病房。
2. 实习要求

理论知识要求：

（1）掌握常见神经疾病的临床表现、诊断及鉴别诊断要点、治疗及预防方法。

（2）熟悉神经内科的常见病种、常用的检查和化验项目。

（3）了解常见神经疾病的概念及病因病理。

诊疗技能要求：

（1）能运用基本知识和技能进行病史的收集和体格检查。

（2）具有辩证思维能力以及独立分析问题和解决问题的能力。

（3）能对常见神经疾病做出初步诊断和处理以及康复治疗。

（二）外科

1. 实习时间 6 周，主要在神经外科和骨科病房。

2. 实习要求

理论知识要求：

（1）掌握常见神经外科和骨科疾病的临床表现、诊断及鉴别诊断要点、治疗及预防方法。

（2）熟悉神经外科和骨科的常见病种、常用的检查和化验项目。

（3）了解常见神经外科和骨科疾病的概念及病因病理。

诊疗技能要求：

（1）学会外科无菌技术操作、外科的基本技能，并能运用基本知识和技能进行病史的收集和体格检查。

（2）具有辩证思维能力以及独立分析问题和解决问题的能力。

（3）能对常见神经疾病做出初步诊断和处理以及康复治疗。

（三）医学影像科

1. 实习时间 2 周，主要在阅片室。

2. 实习要求

理论知识要求：

（1）掌握常见疾病和损伤的 X 线诊断、CT 诊断及 MRI 诊断方法。

（2）熟悉 X 线、CT 及 MRI 的特点和图像分析。

（3）了解 X 线、CT 及 MRI 的原理和设备。

诊疗技能要求：

（1）能对常见疾病和损伤的 X 线片、CT 及 MRI 图像进行分析。

（2）能对常见疾病和损伤做出初步的影像学诊断。

（四）理疗科

1. 实习时间 2 周，主要在康复科的理疗室或医院理疗科。

2. 实习要求

理论知识要求：

（1）掌握物理因子疗法的实践操作及适应证和禁忌证。

（2）熟悉物理因子的作用机制。

（3）了解各种理疗仪器的性能。

诊疗技能要求：

（1）能有针对性地为患者开具理疗处方。

（2）能为患者实施物理因子治疗，并收到良好的疗效。

（五）针灸推拿科

1. 实习时间8周，门诊或病房。

2. 实习要求

理论知识要求：

（1）掌握针灸和推拿的常用手法以及常见疾病和损伤的治疗。

（2）熟悉针灸和推拿的作用机制。

（3）了解其他的治疗技术。

诊疗技能要求：

（1）能有针对性地为患者开具针灸和推拿处方。

（2）能为患者实施针灸和推拿治疗，并收到良好的疗效。

（六）康复医学科

1. 实习时间16周，门诊或病房。

2. 实习要求

理论知识要求：

（1）掌握常用的评估方法、康复治疗技术［运动疗法（physical therapy，PT）、作业疗法（occupational therapy，OT）、言语疗法（speech therapy，ST）及心理治疗］以及常见疾病和损伤的康复治疗。

（2）熟悉运动疗法、作业疗法及言语疗法的理论基础和作用机制，熟悉常见疾病、损伤的诊断和鉴别诊断以及主要功能障碍。

（3）了解疾病和损伤的定义以及病因病理。

诊疗技能要求：

（1）能对常见疾病和损伤进行功能评定。

（2）能为常见疾病和损伤制定康复治疗方案，并能利用各种康复手段进行康复治疗和训练。

（3）能为患者进行康复教育。

四、实习考核

（一）考核内容

临床实习考核是对本专业学生能否实现教育培养目标的评价，即对每个学生政治、业务综合素质和能力的测试、评定。

实习考核包括：出科鉴定、出科考核（理论考试、操作技能考试）。

考核的主要内容有：基础理论与专业知识，康复病历书写与出院小结，运动疗法（PT）处方和作业疗法（OT）处方，运动疗法和作业疗法的初期、中期和末期评定记录，各种康复治疗技术的操作技能，实习表现、学习态度、服务质量和组织纪律等。

（二）考核程序

1. 学生自我鉴定和总结

在本科室实习即将结束时，按照实习大纲及实习相关要求，首先进行自我鉴定和总结。

2. 带教老师出科鉴定

由实习学生所在实习科室的带教老师根据实习大纲的要求，对实习学生处理临床诊疗工作的各种能力进行客观、综合的评价并做出科鉴定。鉴定结果填入实习手册中的《出科考核表》，科室负责人审核、签名。

3. 出科考核

由实习科室组织实习学生集中考试，安排在出科前一周内进行，主要采取笔试方式，也可采取口试方式进行。成绩由实习科室评定，教学主任或秘书签名或盖章。

出科考核成绩记入学生实习手册中《出科考核表》。

4. 毕业考核。

（三）考核评定方法及标准

1. 出科鉴定

（1）鉴定方法：由实习带教老师根据实习大纲的要求和平时观察了解所掌握的学生学习、工作和思想情况等认真地逐项填写评语并记分。评价指标共五项，包括医德医风、病历及各项记录、诊疗操作技术、工作学习态度、组织纪律等。每项为20分，按优（18～20分）、良（16～17分）、中（14～15分）、及格（12～13分）、不及格（0～11分）进行评定，总分不满60分者为该科出科鉴定不及格。

（2）评分标准

1）医德医风：品行端正，能体现人民医生为人民的宗旨，切忌有损于患者身心健康的言行，严禁因学习加重患者痛苦与病情的一切行为；体贴患者、对患者一视同仁，不以职谋私，不索收物品及接受馈赠；树立一丝不苟的医疗工作作风，服装整洁，举止庄重；为人作风正派，尊敬师长，团结群众，能正确处理与医护人员、同事及患者的关系。

2）病历及各项记录：病历书写及时、正规，内容完整、准确，文字简练、清晰、有逻辑性；能客观地记录病情变化，反映病情演变；书写的病程记录中，对病史、检查结果、病情变化和诊治过程的综合分析好，在诊断（评定）、进一步检查及治疗上能提出自己的见解；能熟练掌握各科特殊病历的书写及各种表格的填写。

3）诊疗操作技术：主动学习基本操作技术，能严格按操作规程进行技术操作，步骤、方法正规熟练，操作细心谨慎；有一定的理论联系实际的综合分析能力，对要求掌握的病种能做出正确的诊断（评定）及处理，在医疗工作中有独立工作的能力，回答问题简练、正确、完整。

4）工作学习态度：服务态度好，工作学习积极主动，能按时完成各项医疗学习任务，主动参加危重患者的抢救和护理工作，责任心强；虚心好学、刻苦钻研业务，学习基本理论、基本技能及基本操作肯下功夫，能做到理论联系实际地实习，在实习期间能参阅有关文献资料。

5）组织纪律：能认真遵守学校和教学医院的各项规章制度，遵纪守法；服从管理，能按实习手册的要求来规范自己实习期间的言行举止；组织观念强，无迟到、早退及旷实习等现象，能遵守实习期间的请假规定。

（3）评定等级

1）优：能全面达到上述要求，在实习期间表现突出并得到带教老师及科室医护人员好评者。

2）良：较好地达到上述要求，没有不良现象反映者。

3）中：基本能达到上述要求，没有不良现象反映者。

4）及格：基本能达到上述要求，有轻微违纪行为，但经教育有改正表现者。

5）不及格：未能达到上述要求或有违纪行为，经教育无效者。

（4）评分要求：各教学科室带教老师评价记分时，必须全面考虑、实事求是、从严掌握、力求公正，能真正反映实习学生的实习情况；同一科室者最好彼此间加以纵横比较，必须防止趋中倾向，不要回避最高分和最低分。

实习学生在一个科室缺实习时间达三分之一者，不准参

加出科成绩评定，待补实习后再参加评定。

学生补实习需经教学主管部门批准，待全部实习结束后方可安排补实习。

2. 出科考核

出科考核可采取临床病例分析、实践操作或理论测试相结合，主要采取笔试方式，也可采取口试方式进行，考查实习学生的思维分析和语言表达能力，内容有病例分析、辅助检查结果判读、提问回答等。成绩由实习科室评定，教学主任或秘书签名或盖章。

3. 毕业考核

毕业实习完成后，学生返回学校进行毕业考核。

（1）毕业考核方式：采取专业综合知识考试方式，以临床常用的PT、OT、康复评定及常见疾病康复为专业综合知识考试内容，总分为100分，考试成绩在60分及以上者为合格。

（2）毕业合格标准：毕业学生体质健康测试达到合格标准，并且毕业实习考核及专业综合知识考试均合格后准予毕业，发给毕业证书。

中医康复技术专业实习大纲

一、实习目的

毕业实习是完成人才培养方案的重要教学环节。通过实习，培养和锻炼学生综合运用所学基础理论、基本技能和专业知识进行独立分析和解决临床实际问题的能力，使理论与实践相结合，提高实践动手能力。通过实习达到以下目的：

1. 实习学生要树立救死扶伤、全心全意为患者服务的思想，培养良好的医德医风和严谨的工作作风，熟悉医院工作制度、规则、程序。

2. 掌握常见疾病和损伤的检查方法，诊断、鉴别诊断要点和评估方法。

3. 掌握各种康复治疗技术（运动疗法、物理因子疗法、作业疗法、言语疗法以及传统中医康复疗法），并能独立地利用上述治疗技术对常见疾病和损伤进行康复治疗和训练。

4. 了解新理论、新知识、新技能和康复学科的进展，加强临床思维、交流和自主学习能力的培养。

5. 完成各学科实习大纲规定的教学要求。实习结束时，在政治思想、职业道德、医疗技术、工作能力等方面得到全面锻炼和提高，为今后从事康复临床医疗工作打下良好的基础。

二、实习科目及时间分配

毕业实习采用轮转方式进行，时间安排在第三学年，共

计40周,具体安排如下表:

中医康复技术专业实习科目及时间分配

序号	实习科目	实习时间
1	内科	4周
2	外科	4周
3	医学影像科	2周
4	理疗科	4周
5	针灸推拿科	10周
6	康复医学科	16周

三、实习内容及要求

(一)内科

1. 实习时间4周,主要在神经内科病房。

2. 实习要求

理论知识要求:

(1)掌握常见神经疾病的临床表现、诊断及鉴别诊断要点、治疗及预防方法。

(2)熟悉神经内科的常见病种、常用的检查和化验项目。

(3)了解常见神经疾病的概念及病因病理。

诊疗技能要求:

(1)能运用基本知识和技能进行病史的收集和体格检查。

(2)具有辩证思维能力以及独立分析问题和解决问题的能力。

(3)能对常见神经疾病做出初步诊断和处理以及康复治疗。

(二)外科

1. 实习时间4周,主要在神经外科和骨科病房。

2. 实习要求

理论知识要求：

（1）掌握常见神经外科和骨科疾病的临床表现、诊断及鉴别诊断、治疗及预防。

（2）熟悉神经外科和骨科的常见病种、常用的检查和化验项目。

（3）了解常见神经外科和骨科疾病的概念及病因病理。

诊疗技能要求：

（1）学会外科无菌技术操作、外科的基本技能，并能运用基本知识和技能进行病史的收集和体格检查。

（2）具有辩证思维能力以及独立分析问题和解决问题的能力。

（3）能对常见神经疾病做出初步诊断和处理以及康复治疗。

（三）医学影像科

1. 实习时间 2 周，主要在阅片室。

2. 实习要求

理论知识要求：

（1）掌握常见疾病和损伤的 X 线诊断、CT 诊断及 MRI 诊断方法。

（2）熟悉 X 线、CT 及 MRI 的特点和图像分析。

（3）了解 X 线、CT 及 MRI 的原理和设备。

诊疗技能要求：

（1）能对常见疾病和损伤的 X 线片、CT 及 MRI 图像进行分析。

（2）能对常见疾病和损伤做出初步的影像学诊断。

（四）理疗科

1. 实习时间 4 周，主要在康复科的理疗室或医院理疗科。

2. 实习要求

理论知识要求：

（1）掌握物理因子疗法的实践操作及适应证和禁忌证。

（2）熟悉物理因子的作用机制。

（3）了解各种理疗仪器的性能。

诊疗技能要求：

（1）能有针对性地为患者开具理疗处方。

（2）能为患者实施物理因子治疗，并收到良好的疗效。

（五）针灸推拿科

1. 实习时间10周，门诊或病房。

2. 实习要求

理论知识要求：

（1）掌握针灸和推拿的常用手法以及常见疾病和损伤的治疗。

（2）熟悉针灸和推拿的作用机制。

（3）了解其他的治疗技术。

诊疗技能要求：

（1）能有针对性地为患者开具针灸和推拿处方。

（2）能为患者实施针灸和推拿治疗，并收到良好的疗效。

（六）康复医学科

1. 实习时间16周，门诊或病房。

2. 实习要求

理论知识要求：

（1）掌握常用的评估方法、康复治疗技术（PT、OT、ST及心理治疗）以及常见疾病和损伤的康复治疗。

（2）熟悉运动疗法、作业疗法及言语疗法的理论基础和作用机制，熟悉常见疾病和损伤的诊断和鉴别诊断以及主要功能障碍。

(3)了解疾病和损伤的定义以及病因病理。

诊疗技能要求：

(1)能对常见疾病和损伤进行功能评定。

(2)能为常见疾病和损伤制定康复治疗方案，并能利用各种康复手段进行康复治疗和训练。

(3)能为患者进行康复教育。

四、实习考核

(一)考核内容

临床实习考核是对本专业学生能否实现教育培养目标的评价，即对每个学生政治、业务综合素质和能力的测试、评定。

实习考核包括：出科鉴定、出科考核（理论考试、操作技能考试）。

考核的主要内容有：基础理论与专业知识，康复病历书写与出院小结，运动疗法（PT）处方和作业疗法（OT）处方，运动疗法和作业疗法的初期、中期和末期评定记录，各种康复治疗技术的操作技能，实习表现、学习态度、服务质量和组织纪律等。

(二)考核程序

1. 学生自我鉴定和总结

在本科室实习即将结束时，按照实习大纲及实习相关要求，首先进行自我鉴定和总结。

2. 带教老师出科鉴定

由实习学生所在实习科室的带教老师根据实习大纲的要求，对实习学生处理临床诊疗工作的各种能力进行客观、综合地评价并做出科鉴定。鉴定结果填入实习手册中的《出科考核表》，科室负责人审核、签名。

3. 出科考核

由实习科室组织实习学生集中考试,安排在出科前一周内进行,主要采取笔试方式,也可采取口试方式进行。成绩由实习科室评定,教学主任或秘书签名或盖章。

出科考核成绩记入学生毕业实习手册中《出科考核表》。

4. 毕业考核。

(三)考核评定方法及标准

1. 出科鉴定

(1)鉴定方法:由实习带教老师根据实习大纲的要求和平时观察了解所掌握的学生学习、工作和思想情况等认真地逐项填写评语并记分。评价指标共五项,医德医风、病历及各项记录、诊疗操作技术、工作学习态度、组织纪律等。每项为20分,按优(18~20分)、良(16~17分)、中(14~15分)、及格(12~13分)、不及格(0~11分)进行评定,总分不满60分者为该科出科鉴定不及格。

(2)评分标准

1)医德医风:品行端正,能体现人民医生为人民的宗旨,切忌有损于患者身心健康的言行,严禁因学习加重患者痛苦与病情的一切行为;体贴患者、对患者一视同仁,不以职谋私,不索收物品及接受馈赠;树立一丝不苟的医疗工作作风,服装整洁,举止庄重;为人作风正派,尊敬师长,团结群众,能正确处理与医护人员、同事及患者的关系。

2)病历及各项记录:病历书写及时、正规,内容完整、准确,文字简练、清晰、有逻辑性;能客观地记录病情变化,反映病情演变;书写的病程记录中,对病史、检查结果、病情变化和诊治过程的综合分析好,在诊断(评定)、进一步检查及治疗上能提出自己的见解;能熟练掌握各科特殊病历的书写及各种表格的书写。

3）诊疗操作技术：主动学习基本操作技术，能严格按操作规程进行技术操作，步骤、方法正规熟练，操作细心谨慎；有一定的理论联系实际的综合分析能力，对要求掌握的病种能做出正确的诊断（评定）及处理，在医疗工作中有独立工作的能力，回答问题简练、正确、完整。

4）工作学习态度：服务态度好，工作学习积极主动，能按时完成各项医疗学习任务，主动参加危重患者的抢救和护理工作，责任心强；虚心好学、刻苦钻研业务，学习基本理论、基本技能及基本操作肯下功夫，能做到理论联系实际地实习，在实习期间能参阅有关文献资料。

5）组织纪律：能认真遵守学校和教学医院的各项规章制度，遵纪守法；服从管理，能按实习手册的要求来规范自己实习期间的言行举止；组织观念强，无迟到、早退及旷实习等现象，能遵守实习期间的请假规定。

（3）评定等级

1）优：能全面达到上述要求，在实习期间表现突出并得到带教老师及科室医护人员好评者。

2）良：较好地达到上述要求，没有不良现象反映者。

3）中：基本能达到上述要求，没有不良现象反映者。

4）及格：基本能达到上述要求，有轻微违纪行为，但经教育有改正表现者。

5）不及格：未能达到上述要求或有违纪行为，经教育无效者。

（4）评分要求：各教学科室带教老师评价记分时，必须全面考虑、实事求是、从严掌握、力求公正，能真正反映实习学生的实习情况；同一科室者最好彼此间加以纵横比较，必须防止趋中倾向，不要回避最高分和最低分。

实习学生在一个科室缺实习时间达三分之一者，不准参

加出科成绩评定，待补实习后再参加评定。

学生补实习需经教学主管部门批准，待全部实习结束后方可安排补实习。

2. 出科考核

出科考核可采取临床病例分析、实践操作或理论测试相结合，主要采取笔试方式，也可采取口试方式进行，考查实习学生的思维分析和语言表达能力，内容有病例分析、辅助检查结果判读、提问回答等。成绩由实习科室评定，教学主任或秘书签名或盖章。

3. 毕业考核

毕业实习完成后，学生返回学校进行毕业考核。

（1）毕业考核方式：采取专业综合知识考试方式，以临床常用的 PT、OT、康复评定、推拿治疗技术及常见疾病康复为专业综合知识考试内容，总分为 100 分，考试成绩在 60 分及以上者为合格。

（2）毕业合格标准：毕业学生体质健康测试达到合格标准，并且毕业实习考核及专业综合知识考试均合格后准予毕业，发给毕业证书。

中医学专业实习大纲

一、实习目的

毕业实习是完成人才培养方案的重要教学环节。通过实习，培养和锻炼学生综合运用所学基础理论、基本技能和专业知识进行独立分析和解决临床实际问题的能力，使理论与实践相结合，提高实践动手能力。通过实习达到以下目的：

1. 实习学生要树立救死扶伤、全心全意为患者服务的思想，培养良好的医德医风和严谨的工作作风，熟悉医疗工作的法律法规和医院各项制度。

2. 掌握中医整体观念、辨证论治原则和中医"治未病"理论，能运用"望闻问切"及医学诊断方法，对常见病进行诊断、治疗；同时，具有医疗、预防、康复及养生保健的技术应用能力。

3. 掌握中医适宜技术，具有运用中医技术治疗临床常见疾病的能力，具有运用中医药理论指导养生保健的能力。

4. 了解新理论、新知识、新技能和针灸推拿学科的进展，加强临床思维、沟通交流和自主学习等能力的培养。

5. 完成各学科实习大纲规定的教学要求。实习结束时，在政治思想、职业道德、医疗技术、工作能力等方面得到全面锻炼和提高，为今后从事中医临床医疗工作打下良好的基础。

二、实习科目及时间分配

毕业实习采用轮转方式进行，时间安排在第三学年，共计40周，具体安排如下表：

序号	实习科目	实习时间
1	内科	16周
2	妇科	4周
3	儿科	4周
4	皮肤科	4周
5	针灸推拿科	6周
6	骨科	2周
7	医学影像科	2周
8	中药局	2周

三、实习内容及要求

（一）内科

1. 实习时间16周，主要在内科病房。
2. 实习要求

理论知识要求：

（1）掌握常见内科疾病的临床表现、诊断及鉴别诊断要点、治疗及预防方法；同时，也要掌握常见内科病证的传统中医辨证论治原则。

（2）熟悉内科的常见病种、常用的检查方法和化验项目。

（3）了解常见内科疾病的概念及病因病理。

诊疗技能要求：

（1）能运用现代诊疗技术对内科常见疾病进行病史的收集、体格检查、诊断和治疗，并能完成病历的书写。

(2)具有辩证思维能力以及独立分析问题和解决问题的能力。

(3)能对常见内科疾病实施中医的辨证论治。

(二)妇科

1. 实习时间 4 周,门诊或病房。

2. 实习要求

理论知识要求:

(1)掌握常见妇科疾病的临床表现、诊断及鉴别诊断要点、治疗及预防方法;同时,也要掌握常见妇科病证的传统中医辨证论治原则。

(2)熟悉妇科的常见病种、常用的检查方法和化验项目。

(3)了解常见妇科疾病的概念及病因病理。

诊疗技能要求:

(1)能运用现代诊疗技术对妇科常见疾病进行病史的收集、体格检查、诊断和治疗,并能完成病历的书写。

(2)具有辩证思维能力以及独立分析问题和解决问题的能力。

(3)能对常见妇科疾病实施中医的辨证论治。

(三)儿科

1. 实习时间 4 周,主要在中医儿科门诊及病房。

2. 实习要求

理论知识要求:

(1)掌握常见儿科疾病的临床表现、诊断及鉴别诊断要点、治疗及预防方法;同时,也要掌握常见儿科病证的传统中医辨证论治原则。

(2)熟悉儿科的常见病种、常用的检查方法和化验项目。

(3)了解常见儿科疾病的概念及病因病理。

诊疗技能要求：

（1）能运用现代诊疗技术对儿科常见疾病进行病史的收集、体格检查、诊断和治疗，并能完成病历的书写。

（2）具有辩证思维能力以及独立分析问题和解决问题的能力。

（3）能对常见儿科疾病实施中医的辨证论治。

（四）皮肤科

1. 实习时间 4 周，主要在皮肤科门诊或病房。

2. 实习要求

理论知识要求：

（1）掌握常见皮肤科疾病的临床表现、诊断及鉴别诊断要点、治疗及预防方法；同时，也要掌握常见皮肤科病证的传统中医辨证论治原则。

（2）熟悉皮肤科的常见病种、常用的检查方法和化验项目。

（3）了解常见皮肤科疾病的概念及病因病理。

诊疗技能要求：

（1）能运用现代诊疗技术对皮肤科常见疾病进行病史的收集、体格检查、诊断和治疗，并能完成病历的书写。

（2）具有辩证思维能力以及独立分析问题和解决问题的能力。

（3）能对常见皮肤科疾病实施中医的辨证论治。

（五）针灸推拿科

1. 实习时间 6 周，主要在针灸推拿科门诊或病房。

2. 实习要求

理论知识要求：

（1）掌握针灸和推拿的常用手法以及常见疾病和损伤的治疗。

（2）熟悉针灸和推拿的作用机制。

（3）了解其他的治疗技术。

诊疗技能要求：

（1）能有针对性地为患者制定针灸和推拿处方。

（2）能为患者实施针灸和推拿治疗，并收到良好的疗效。

（六）骨科

1. 实习时间 2 周，主要在骨科病房。

2. 实习要求

理论知识要求：

（1）掌握常见骨科疾病的临床表现、诊断及鉴别诊断要点、治疗及预防方法；同时，也要掌握常见骨科病证的传统中医辨证论治原则。

（2）熟悉骨科的常见病种、常用的检查方法和化验项目。

（3）了解常见骨科疾病的概念及病因病理。

诊疗技能要求：

（1）能运用现代诊疗技术对骨科常见疾病进行病史的收集、体格检查、诊断和治疗，并能完成病历的书写。

（2）具有辩证思维能力以及独立分析问题和解决问题的能力。

（3）能对常见骨科疾病实施中医的辨证论治。

（七）医学影像科

1. 实习时间 2 周，主要在阅片室。

2. 实习要求

理论知识要求：

（1）掌握常见疾病和损伤的 X 线诊断、CT 诊断及 MRI 诊断方法。

（2）熟悉 X 线、CT 及 MRI 的特点和图像分析。

（3）了解 X 线、CT 及 MRI 的原理和设备。

诊疗技能要求：

（1）能对常见疾病和损伤的 X 线片、CT 及 MRI 图像进行分析。

（2）能对常见疾病和损伤做出初步的影像学诊断。

（八）中药局

1. 实习时间 2 周，主要在中药局（中药饮片）。
2. 实习要求

理论知识要求：

（1）掌握常用中药的性能、功效、应用及用法用量。

（2）熟悉常用中药的配伍及使用注意。

（3）了解常用中药的分类。

诊疗技能要求：

（1）能识别和说出常用中药的性能、功效、应用及用法用量。

（2）能够说出处方中中药的配伍关系。

（3）能指导患者正确煎药和服药。

四、实习考核

（一）考核内容

临床实习考核是对本专业学生能否实现教育培养目标的阶段性评价，即在临床实习期间对每个学生的工作学习态度、组织纪律、职业道德（医德医风）、专业知识和专业能力以及业务综合素质的测试和评定。

实习考核包括：出科鉴定、出科考核（理论考试、操作考试）。

考核的主要内容有：中医基础理论与专业知识，中医病历书写与出院小结，中医辨证处方，各种中医手法、适宜技术的操作技能，实习表现、学习态度、服务质量和组织纪律等。

（二）考核程序

1. 学生自我鉴定和总结

在本科室实习即将结束时，按照实习大纲及实习相关要求，首先进行自我鉴定和总结。

2. 带教老师出科鉴定

由实习学生所在实习科室的带教老师根据实习大纲的要求，对实习学生处理临床诊疗工作的各种能力进行客观、综合地评价并做出科鉴定。鉴定结果填入实习手册中的《出科考核表》，科室负责人审核、签名。

3. 出科考核

由实习科室组织实习学生集中考试，安排在出科前一周内进行，主要采取笔试方式，也可采取口试方式进行。成绩由实习科室评定，教学主任或秘书签名或盖章。

出科考核成绩记入学生实习手册中的《出科考核表》。

4. 毕业综合知识考核。

（三）考核评定方法及标准

1. 出科鉴定

（1）鉴定方法：由实习带教老师根据实习大纲的要求和平时观察了解所掌握的学生学习、工作和思想情况等认真地逐项填写评语并记分。评价指标共五项，包括医德医风、病历及各项记录、诊疗操作技术、工作学习态度、组织纪律等。每项为20分，按优（18～20分）、良（16～17分）、中（14～15分）、及格（12～13分）、不及格（0～11分）进行评定，总分不满60分者为该科出科鉴定不及格。

（2）评分标准

1）医德医风：品行端正，能体现人民医生为人民的宗旨，切忌有损于患者身心健康的言行，严禁因学习加重患者痛苦与病情的一切行为；体贴患者、对患者一视同仁，不以职谋私,不索收物品及接受馈赠;树立一丝不苟的医疗工作作风,服装整洁,举止庄重;为人作风正派,尊敬师长,团结群众,能正确处理与医护人员、同事及患者的关系。

2)病历及各项记录:病历书写及时、正规,内容完整、准确,文字简练、清晰、有逻辑性;能客观地记录病情变化,反映病情演变;书写的病程记录中,对病史、检查结果、病情变化和诊治过程的综合分析好,在诊断(评定)、进一步检查及治疗上能提出自己的见解;能熟练掌握各科特殊病历的书写及各种表格的书写。

3)诊疗操作技术:主动学习基本操作技术,能严格按操作规程进行技术操作,步骤、方法正规熟练,操作细心谨慎;有一定的理论联系实际的综合分析能力,对要求掌握的病种能做出正确的诊断(评定)及处理,在医疗工作中有独立工作的能力,回答问题简练、正确、完整。

4)工作学习态度:服务态度好,工作学习积极主动,能按时完成各项医疗学习任务,主动参加危重患者的抢救和护理工作,责任心强;虚心好学、刻苦钻研业务,学习基本理论、基本技能及基本操作肯下功夫,能做到理论联系实际地实习,在实习期间能参阅有关文献资料。

5)组织纪律:能认真遵守学校和教学医院的各项规章制度,遵纪守法;服从管理,能按实习手册的要求来规范自己实习期间的言行举止;组织观念强,无迟到、早退及旷实习等现象,能遵守实习期间的请假规定。

(3)评定等级

1)优:能全面达到上述要求,在实习期间表现突出并得到带教老师及科室医护人员好评者。

2)良:较好地达到上述要求,没有不良现象反映者。

3)中:基本能达到上述要求,没有不良现象反映者。

4）及格：基本能达到上述要求，有轻微违纪行为，但经教育有改正表现者。

5）不及格：未能达到上述要求或有违纪行为，经教育无效者。

（4）评分要求：各教学科室带教老师评价记分时，必须全面考虑、实事求是、从严掌握、力求公正，能真正反映实习学生的实习情况；同一科室者最好彼此间加以纵横比较，必须防止趋中倾向，不要回避最高分和最低分。

实习学生在一个科室缺实习时间达三分之一者，不准参加出科成绩评定，待补实习后再参加评定。

学生补实习需经教学主管部门批准，待全部实习结束后方可安排补实习。

2. 出科考核

出科考核可采取临床病例分析、实践操作或理论测试相结合，主要采取笔试方式，也可采取口试方式进行，考查实习学生的思维分析和语言表达能力，内容有病例分析、辅助检查结果判读、提问回答等。成绩由实习科室评定，教学主任或秘书签名或盖章。

3. 毕业综合知识考核

毕业实习完成后，学生返回学校进行毕业考核。

（1）毕业考核方式：采取中医专业综合知识考试，借鉴中医助理医师考试大纲，以中医基础理论、中医诊断学、中药学、方剂学和中医内科学为主要的专业综合知识考试内容，总分为100分，考试成绩在60分及以上者为合格。

（2）毕业合格标准：毕业学生体质健康测试达到合格标准，并且毕业实习考核及专业综合知识考试均合格后准予毕业，发给毕业证书。

针灸推拿专业实习大纲

一、实习目的

毕业实习是完成人才培养方案的重要教学环节。通过实习，培养和锻炼学生综合运用所学基础理论、基本技能和专业知识进行独立分析和解决临床实际问题的能力，使理论与实践相结合，提高实践动手能力。通过实习达到以下目的：

1. 实习学生要树立救死扶伤、全心全意为患者服务的思想，培养良好的医德医风和严谨的工作作风，熟悉医疗工作的法律法规和医院各项制度。

2. 掌握临床各科常见疾病的诊疗技术，并能独立完成常见疾病的诊断和治疗；同时，也能对临床各科常见病证进行辨证论治。

3. 掌握针灸推拿技术，并能独立地对常见疾病实施针灸推拿治疗。

4. 了解新理论、新知识、新技能和针灸推拿学科的进展，加强临床思维、沟通交流和自主学习等能力的培养。

5. 完成各学科实习大纲规定的教学要求。实习结束时，在政治思想、职业道德、医疗技术、工作能力等方面得到全面锻炼和提高，为今后从事临床医疗工作打下良好的基础。

二、实习科目及时间分配

毕业实习采用轮转方式进行，时间安排在第三学年，共计40周，具体安排如下表：

序号	实习科目	实习时间
1	内科	8 周
2	骨科	6 周
3	针灸推拿科	16 周
4	医学影像科	2 周
5	妇科	4 周
6	儿科	2 周
7	中药局	2 周

三、实习内容及要求

（一）内科

1. 实习时间 8 周，主要在内科病房。

2. 实习要求

理论知识要求：

（1）掌握常见内科疾病的临床表现、诊断及鉴别诊断要点、治疗及预防方法；同时，也要掌握常见内科病证的传统中医辨证论治原则。

（2）熟悉内科的常见病种、常用的检查方法和化验项目。

（3）了解常见内科疾病的概念及病因病理。

诊疗技能要求：

（1）能运用现代诊疗技术对内科常见疾病进行病史的收集、体格检查、诊断和治疗，并能完成病历的书写。

（2）具有辨证思维能力以及独立分析问题和解决问题的能力。

（3）能对常见内科疾病实施中医的辨证论治。

（二）骨科

1. 实习时间 6 周，主要在骨科病房。

2. 实习要求

理论知识要求：

（1）掌握常见骨科疾病的临床表现、诊断及鉴别诊断要点、治疗及预防方法；同时，也要掌握常见骨科病证的传统中医辨证论治原则。

（2）熟悉骨科的常见病种、常用的检查方法和化验项目。

（3）了解常见骨科疾病的概念及病因病理。

诊疗技能要求：

（1）能运用现代诊疗技术对骨科常见疾病进行病史的收集、体格检查、诊断和治疗，并能完成病历的书写。

（2）具有辩证思维能力以及独立分析问题和解决问题的能力。

（3）能对常见骨科疾病实施中医的辨证论治。

（三）针灸推拿科

1. 实习时间16周，主要在门诊或病房。

2. 实习要求

理论知识要求：

（1）掌握针灸和推拿的常用手法以及常见疾病和损伤的治疗。

（2）熟悉针灸和推拿的作用机制。

（3）了解其他的治疗技术。

诊疗技能要求：

（1）能有针对性地为患者制定针灸和推拿处方。

（2）能为患者实施针灸和推拿治疗，并收到良好的疗效。

（四）医学影像科

1. 实习时间2周，主要在阅片室。

2. 实习要求

理论知识要求：

（1）掌握常见疾病和损伤的X线诊断、CT诊断及MRI诊断方法。

(2)熟悉 X 线、CT 及 MRI 的特点和图像分析。

(3)了解 X 线、CT 及 MRI 的原理和设备。

诊疗技能要求：

(1)能对常见疾病和损伤的 X 线片、CT 及 MRI 图像进行分析。

(2)能对常见疾病和损伤做出初步的影像学诊断。

(五)妇科

1. 实习时间 4 周，门诊或病房。

2. 实习要求

理论知识要求：

(1)掌握常见妇科疾病的临床表现、诊断及鉴别诊断要点、治疗及预防方法；同时，也要掌握常见妇科病证的传统中医辨证论治原则。

(2)熟悉妇科的常见病种、常用的检查方法和化验项目。

(3)了解常见妇科疾病的概念及病因病理。

诊疗技能要求：

(1)能运用现代诊疗技术对妇科常见疾病进行病史的收集、体格检查、诊断和治疗，并能完成病历的书写。

(2)具有辨证思维能力以及独立分析问题和解决问题的能力。

(3)能对常见妇科疾病实施中医的辨证论治。

(六)儿科

1. 实习时间 2 周，主要在中医儿科门诊及病房。

2. 实习要求

理论知识要求：

(1)掌握常见儿科疾病的临床表现、诊断及鉴别诊断要点、治疗及预防方法；同时，也要掌握常见儿科病证的传统中医辨证论治原则。

（2）熟悉儿科的常见病种、常用的检查方法和化验项目。

（3）了解常见儿科疾病的概念及病因病理。

诊疗技能要求：

（1）能运用现代诊疗技术对儿科常见疾病进行病史的收集、体格检查、诊断和治疗，并能完成病历的书写。

（2）具有辩证思维能力以及独立分析问题和解决问题的能力。

（3）能对常见儿科疾病实施中医的辨证论治。

（七）中药局

1. 实习时间2周，主要在中药局（中药饮片）。

2. 实习要求

理论知识要求：

（1）掌握常用中药的性能、功效、应用及用法用量。

（2）熟悉常用中药的配伍及使用注意。

（3）了解常用中药的分类。

诊疗技能要求：

（1）能识别和说出常用中药的性能、功效、应用及用法用量。

（2）能够说出处方中中药的配伍关系。

（3）能指导患者正确煎药和服药。

四、实习考核

（一）考核内容

临床实习考核是对本专业学生能否实现教育培养目标的阶段性评价，即在临床实习期间对每个学生的工作学习态度、组织纪律、职业道德培养（医德医风）、专业知识和专业能力以及业务综合素质的测试和评定。

实习考核包括出科鉴定、出科考核（理论考试、操作技能考试)。

考核的主要内容有：基础理论与专业知识，针灸推拿病历书写与出院小结，针灸与推拿处方，各种针灸及推拿手法的操作技能，实习表现、学习态度、服务质量和组织纪律等。

(二)考核程序

1. 学生自我鉴定和总结

在本科室实习即将结束时，按照实习大纲及实习相关要求，首先进行自我鉴定和总结。

2. 带教老师出科鉴定

由实习学生所在实习科室的带教老师根据实习大纲的要求，对实习学生处理临床诊疗工作的各种能力进行客观、综合的评价并做出科鉴定。鉴定结果填入实习手册中的《出科考核表》，科室负责人审核、签名。

3. 出科考核

由实习科室组织实习学生集中考试，安排在出科前一周内进行，主要采取笔试方式，也可采取口试方式进行。成绩由实习科室评定，教学主任或秘书签名或盖章。

出科考核成绩记入学生实习手册中《出科考核表》。

4. 毕业综合考核。

(三)考核评定方法及标准

1. 出科鉴定

(1) 鉴定方法：由实习带教老师根据实习大纲的要求和平时观察了解所掌握的学生学习、工作和思想情况等认真地逐项填写评语并记分。评价指标共五项，包括医德医风、病历及各项记录、诊疗操作技术、工作学习态度、组织纪律等。每项为20分，按优(18~20分)、良(16~17分)、中(14~15分)、及格(12~13分)、不及格(0~11分)进行评定，总分不满60分者为该科出科鉴定不及格。

（2）评分标准

1）医德医风：品行端正，能体现人民医生为人民的宗旨，切忌有损于患者身心健康的言行，严禁因学习加重患者痛苦与病情的一切行为；体贴患者、对患者一视同仁，不以职谋私，不索收物品及接受馈赠；树立一丝不苟的医疗工作作风，服装整洁，举止庄重；为人作风正派，尊敬师长，团结群众，能正确处理与医护人员、同事及患者的关系。

2）病历及各项记录：病历书写及时、正规，内容完整、准确，文字简练、清晰、有逻辑性；能客观地记录病情变化，反映病情演变；书写的病程记录中，对病史、检查结果、病情变化和诊治过程的综合分析好，在诊断（评定）、进一步检查及治疗上能提出自己的见解；能熟练掌握各科特殊病历的书写及各种表格的填写。

3）诊疗操作技术：主动学习基本操作技术，能严格按操作规程进行技术操作，步骤、方法正规熟练，操作细心谨慎；有一定的理论联系实际的综合分析能力，对要求掌握的病种能做出正确的诊断（评定）及处理，在医疗工作中有独立工作的能力，回答问题简练、正确、完整。

4）工作学习态度：服务态度好，工作学习积极主动，能按时完成各项医疗学习任务，主动参加危重患者的抢救和护理工作，责任心强；虚心好学、刻苦钻研业务，学习基本理论、基本技能及基本操作肯下功夫，能做到理论联系实际地实习，在实习期间能参阅有关文献资料。

5）组织纪律：能认真遵守学校和教学医院的各项规章制度，遵纪守法；服从管理，能按实习手册的要求来规范自己实习期间的言行举止；组织观念强，无迟到、早退及旷实习等现象，能遵守实习期间的请假规定。

（3）评定等级

1）优：能全面达到上述要求，在实习期间表现突出并得到带教老师及科室医护人员好评者。

2）良：较好地达到上述要求，没有不良现象反映者。

3）中：基本能达到上述要求，没有不良现象反映者。

4）及格：基本能达到上述要求，有轻微违纪行为，但经教育有改正表现者。

5）不及格：未能达到上述要求或有违纪行为，经教育无效者。

（4）评分要求：各教学科室带教老师评价记分时，必须全面考虑、实事求是、从严掌握、力求公正，能真正反映实习学生的实习情况；同一科室者最好彼此间加以纵横比较，必须防止趋中倾向，不要回避最高分和最低分。

实习学生在一个科室缺实习时间达三分之一者，不准参加出科成绩评定，待补实习后再参加评定。

学生补实习需经教学主管部门批准，待全部实习结束后方可安排补实习。

2. 出科考核

出科考核可采取临床病例分析、实践操作或理论测试相结合，主要采取笔试方式，也可采取口试方式进行，考查实习学生的思维分析和语言表达能力，内容有病例分析、辅助检查结果判读、提问回答等。成绩由实习科室评定，教学主任或秘书签名或盖章。

3. 毕业综合考核

毕业综合考核即毕业实习后理论考试——毕业考试，由学校统一组织。

（1）毕业考核方式：采取专业综合知识考试形式，以临床常用的中医内科学、针灸治疗学、推拿治疗学为专业综合知识考试内容，总分为100分，分数在60分及以上者为合格。

（2）毕业合格标准：毕业学生体质健康测试达到合格，并且毕业综合考试及实习考核合格者，准予毕业。

药学专业实习大纲

一、实习目的

毕业实习是药学专业教学的重要组成部分,是理论联系实际,培养学生独立工作能力的必经途径。通过专业实习,使学生进一步巩固和提高所学理论知识、操作技能,培养学生独立分析问题、解决问题的能力,严谨求实的工作作风和良好的药学职业道德,树立救死扶伤、全心全意为患者服务的思想。

1. 熟悉药学专业各工作岗位的职责和范畴,明确应具备的思想品质、理论知识和业务技能要求,了解药学工作者在医疗卫生事业中的作用和责任。

2. 能够将专业基础理论、基本技能与实际工作紧密结合,进一步提高专业技能和业务水平。

3. 熟悉医院药学部职能,医院药局工作程序及工作要点,准确完成药品请领、分发、回收等日常工作,熟悉临床药学服务的基本知识和原则。

4. 熟悉药品生产车间制剂生产的工艺流程、生产设备,了解其车间布局及空调、洁净技术的应用情况,虚心向技术人员和生产工人学习。

5. 熟悉药品经营企业的工作性质、工作要求和工作任务,药品营销、零售的技巧及方法。

6. 熟悉药学实践中常用的药事法规及药事管理制度。

7. 掌握药学各岗位从业人员应具有的职业道德。

8. 熟悉计算机在药学工作中的应用情况，并能正确操作。

9. 熟悉药学资料检索知识，了解药学专业的新知识、新技术。

实习结束时，学生在政治思想、职业道德、专业技能、工作能力等方面得到全面锻炼，为今后从事药学工作打下坚实基础。

二、实习科目及时间分配

毕业实习采用轮转方式进行，时间安排在第三学年，共计40周，主要在医院药学部、药品生产企业或药品零售企业实习，具体安排如下：

（一）医院药学部

西药局	18周
中药局	8周
医院制剂室	4周
临床药学科	6周
药库	4周

（二）药品生产企业

口服固体制剂车间　　　　10周
（粉碎、制粒干燥、压片、包衣、内包装等岗位）
液体制剂车间　　　　　　10周
（配制、灌封、冷冻干燥、灭菌、检漏等岗位）
外用制剂车间　　　　　　8周
（配制、灌装等岗位）
质量管理部　　　　　　　8周
（质量控制管理部、质量保障管理部）
外包装车间　　　　　　　4周
（贴标、包装等岗位）

各实习单位可根据实际情况安排学生在各部门各岗位轮转,但至少需轮转 3 个车间、5 个或以上岗位,以确保学生的实习有效进行。

(三)药品经营企业

质量管理部	8 周
采购部	8 周
销售业务部	16 周
仓储部	8 周

各实习单位也可根据实际情况安排学生在各部门轮转。

三、实习内容与要求

(一)医院药学部

1. 西药局(门诊药局和住院药局)

理论知识要求:

(1)掌握门诊药局、住院药局药品调剂工作的一般程序。

(2)掌握处方的种类及基本结构,熟悉处方管理办法,了解常用处方的拉丁文缩写及各种处方的保存制度。

(3)熟悉医院常用药品的名称(通用名及商品名)、药理作用、剂型、规格、剂量、用途、用法、不良反应、药物相互作用、配伍禁忌、用药注意事项及老年和幼儿的用量换算等。

(4)熟悉毒、麻、精神、放射、贵重药品的种类及管理办法。

(5)熟悉西药房布局及药品分类存放原则。

技能操作要求:

(1)能准确审核医师处方,熟练完成收发、审方、调配、发药的全过程。

(2)能正确调配医师处方,做到准确快速地分装药品。

（3）能正确管理、调配毒、麻、精神、放射和贵重药品。

（4）能完成药剂师其他日常工作，如药品的请领、分发、回收、下送、登记、统计等工作。

（5）了解计算机在药房工作中的作用，能熟练使用计算机工作。

2. 中药局

理论知识要求：

（1）掌握中药调剂工作的程序、方法及工作制度。

（2）掌握常用中药饮片的特征、性味、功能主治、用法用量及煎煮方法。

（3）掌握中药配伍规则及配伍禁忌。

（4）熟悉常用中成药的剂型、组成、功效、用法及用量。

（5）熟悉中医处方格式、内容及正确书写方法，处方的保存制度。

技能操作要求：

（1）能熟练完成中药处方的调配，能准确熟练地进行中药称量，药材称量误差符合规定。

（2）能准确辨认中药饮片，鉴别常见易混药及贵重药。

（3）能够准确完成中药煎制工作。

（4）了解实习医院的中药用药习惯、中药柜及中药药斗摆放规律。

3. 医院制剂室

理论知识要求：

（1）掌握医院常用制剂品种（如口服液、胶囊剂、外用液体药剂及软膏剂等）的制备工艺及操作要求。

（2）了解原料、中间品、产品的质量标准和储存注意事项。

（3）熟悉医院制剂配制的标准操作规程。

（4）熟悉相关制剂设备的性能特点和使用方法。

（5）熟悉医院制剂室制剂环境的要求及有关制度。

技能操作要求：

（1）能够配制各类普通制剂。

（2）能够独立完成医院制剂配制过程中的常用操作，如称量、加热、搅拌、研磨、粉碎、混合等。

（3）能使用常用的制剂设备，如天平、水浴锅、烘箱、灌装机、压片机等。

（4）学会配制容器和包装机械的清洁处理方法。

4. 临床药学科

理论知识要求：

（1）熟悉医院临床药学工作的主要内容、程序、地位与作用。

（2）掌握常见病、多发病的治疗原则及用药情况。

（3）通过查房、访视患者、查阅病历、向医护人员学习等途径，了解常见病、多发病的病因、诊断及临床表现。

（4）掌握临床常见不良反应的类型及表现。

（5）熟悉常用药物合理应用知识。

（6）掌握常用血药浓度监测的方法及意义。

技能操作要求：

（1）能够根据诊断和药物治疗原则，提出用药意见或建议，协同医师制订药物治疗方案。

（2）能够评估用药方案，对不合理用药进行干预。

（3）能够对患者进行用药教育、指导合理用药。

（4）能够正确进行血药浓度监测的操作。

（5）能够正确监测药物不良反应，并将结果上报。

（6）能够整理分析药学信息和药学情报。

5. 药库

理论知识要求：

（1）熟悉各类药品的陈列、保管、应用方面的基本知识。

（2）熟悉药库的工作任务、基本管理制度。

（3）了解药品预算、统计、日消月结、领取、报销及发放等工作程序及注意事项。

（4）熟悉有效期药品、易燃易爆药品及其他特殊性药品的储存与管理。

（5）熟悉药库的设施和设备使用要求。

技能操作要求：

（1）能够根据药品的性质，选择合适的储存保管条件。

（2）能完成药品的预算、统计、发放等工作。

（3）能够正确使用药库的设施和设备。

（4）熟悉计算机在库房管理中的应用，能熟练使用计算机工作。

（二）药品生产企业

1. 口服固体制剂车间

理论知识要求：

（1）掌握颗粒剂、片剂等口服固体制剂制备的工艺流程；片剂包衣的常用材料及特点，片剂包衣的方法和流程。

（2）掌握压片过程中常出现的质量问题及解决方法，压片过程中片剂的质量差异、硬度及崩解度等的检查方法和质量控制方法。

（3）熟悉包衣过程中常出现的质量问题及解决方法。

（4）熟悉药品 GMP（Good Manufacturing Practice of Medical Products）对药品内包装的要求和规定，药品内包装工作程序及要点。

（5）熟悉口服固体制剂的主要含量测定及投料计算，中间产品如软材质量、湿颗粒含水量等质量控制方法。

（6）熟悉药品 GMP 对药品生产车间洁净度要求和洁净度控制方法。

（7）了解粉碎机、干燥装置、制粒机、压片机、包衣机、全自动胶囊填充机等设备的原理。

技能操作要求：

（1）能够按规定进行制粒、压片、包衣等操作。

（2）能够按规定对颗粒剂、片剂进行相应的质量检查。

（3）能够及时解决压片、包衣过程中出现的各种问题。

（4）能够操作和保养各种制备口服固体制剂的仪器设备。

（5）能够正确穿脱无菌服，进出无菌车间。

（6）能够准确进行药物的包装操作，无漏装、少装等现象。

（7）能够操作和保养铝塑泡罩包装机、封口包装机等各类内包仪器设备。

2. 液体制剂车间

理论知识要求：

（1）掌握注射剂（口服液、小容量注射剂、输液剂、注射用无菌粉末等）的生产工艺流程。

（2）熟悉纯化水、注射用水的制备，熟悉离子交换柱、反渗透装置的工作原理及注射用水的储存条件。

（3）熟悉药品 GMP 对无菌制剂厂房的洁净度要求和洁净度控制方法。

（4）熟悉物料平衡计算，学会进行简单的投料计算。

（5）熟悉液体制剂中间品、成品的质量检查方法。

（6）了解安瓿洗瓶机、安瓿自动灌封机、灭菌烘箱、冻干机等仪器设备的工作原理及使用方法。

（7）了解注射剂生产批号的划分原则。

技能操作要求：

（1）能够进行简单的投料操作，完成注射剂的制备。

（2）能够对注射剂中间品、成品进行装量检查、可见异物检查、无菌检查等质量检查。

（3）能够进行安瓿、输液瓶、橡胶塞、铝盖等的清洁处理，以及配液容器、管道、滤器等的清洁处理。

（4）能够操作和保养安瓿自动灌封机、热压灭菌器、冻干机等注射剂制备的仪器设备。

（5）能够正确穿脱无菌服，进出无菌车间。

3. 外用制剂车间

理论知识要求：

（1）熟悉药品 GMP 对外用制剂厂房的洁净度要求和洁净度控制方法。

（2）熟悉常见外用制剂如酊剂、洗剂、搽剂、膜剂、气雾剂、软膏剂、栓剂等剂型的制备工艺流程。

（3）熟悉各种外用制剂原辅料、中间品、成品的质量检查方法。

（4）熟悉物料平衡计算，学会进行简单的投料计算。

（5）了解外用制剂常用仪器设备的工作原理及使用方法。

技能操作要求：

（1）能够进行简单的投料操作，各种外用制剂一般岗位操作，完成外用制剂的制备。

（2）能够根据不同外用制剂的质量要求进行相应的质量检查。

（3）能够熟练地按照外用制剂所使用的仪器设备操作规程进行操作。

（4）能够对外用制剂所使用的仪器设备进行基本的维修维护保养。

4. 质量管理部

理论知识要求：

（1）掌握常用药物制剂物料、中间品、成品的检验操作规程。

（2）熟悉常用药物制剂物料、中间品、成品的检查、含量测定的方法。

（3）熟悉常用药物的分子式、理化性质和用途。

（4）了解药品检验试剂和试液的用途及配制方法。

（5）了解质检仪器如酸度计、旋光仪、分光光度计等的结构、性能及原理。

技能操作要求：

（1）能够熟练地查阅《中华人民共和国药典》。

（2）能够对制剂、中间品等进行快检或常规质量检查。

（3）学会配制药品检验常用试剂和试液。

（4）能够正确使用和保养旋光仪、分光光度计、高效液相色谱仪等常用仪器。

（5）能正确处理检验结果，正确填写质量检验记录单和报告单。

5. 外包装车间

理论知识要求：

（1）掌握药品 GMP 对药品外包装的要求。

（2）熟悉药品外包装工作程序及工作要点。

（3）了解常用包装机的种类及原理。

技能操作要求：

（1）能够准确进行药物的外包装操作，无漏装、少装说明书及漏贴标签等现象。

（2）能够操作和保养各类外包仪器设备。

（三）药品经营企业

1. 质量管理部

理论知识要求：

（1）熟悉《药品经营质量管理规范》（药品GSP）及药品流通领域中药品经营质量的监督管理制度。

（2）掌握药品经营企业在质量管理工作中的主要制度和内容。

（3）了解药品批发企业和药品零售企业的工作性质、工作要求及工作任务。

（4）熟悉药品验收的程序、验收内容及验收方法。

（5）熟悉《药品召回管理办法》《中华人民共和国药品管理法》等药事法规。

技能操作要求：

（1）能够快速准确验收各类药品。

（2）能准确审核供货单位和购货单位的合法性、购进药品的合法性。

（3）能准确收集和管理药品信息，建立药品质量档案。

2. 采购部

理论知识要求：

（1）熟悉药品GSP中对药品经营企业采购环节的管理规定。

（2）熟悉药品采购的基本原则。

（3）熟悉药品经营企业药品购进的工作程序及各环节管理要点。

技能操作要求：

（1）能准确审核购货单位的合法性、购进药品的合法性及供货单位销售人员的合法资格。

（2）能准确编制并填写药品采购记录，包括药品的通用名称、剂型、规格、生产厂商、供货单位、数量、价格、购货日期等内容。

3. 销售业务部

理论知识要求：

（1）熟悉药品 GSP 中对药品销售人员的监管规定。

（2）熟悉药品的代理谈判程序及销售程序。

（3）了解药品零售企业门店的店堂布局、处方调剂等工作程序及管理要点。

（4）熟悉实习单位的主要经营范围，所经营的各类药品的名称（通用名及商品名）、价格、剂型、规格、剂量、用途、用法、不良反应、用药注意事项等。

（5）熟悉常见疾病的病证、发展规律以及用药知识。

技能操作要求：

（1）能够向药品零售企业或顾客正确介绍药品的性能、用途、禁忌证等，开展药学咨询服务。

（2）能正确销售处方药与非处方药。

4. 仓储部

理论知识要求：

（1）熟悉药品 GSP 中对药品储存与运输的监管规定。

（2）熟悉药品储存管理的工作内容、基本原则。

（3）熟悉药品仓库管理规章制度，掌握药品仓库专库要求、分类存放原则。了解药品堆垛要求与色标管理。

（4）熟悉仓库药品的养护工作及建立药品养护档案。

（5）熟悉医药商品流通过程的特点及配送注意事项。

技能操作要求：

（1）能根据药品的性质，选择合适的储存保管条件和养护方法。

（2）能完成药品的统计、发放等工作。

(3）能正确使用药库的设施和设备。

(4）能熟练使用药品储存及配送计算机软件管理系统。

四、实习考核

（一）考核内容

临床实习考核是对学生能否实现医学教育培养目标的评价，即对每个学生政治、业务综合素质和能力的测试、评定。

实习考核包括：出科鉴定、出科考试（理论考试、操作技能考试）。

考核的主要内容有：药学专业基本理论和基本知识，药事法规；操作技能；实习表现、学习态度、服务质量和组织纪律等。

（二）考核程序

1. 学生自我鉴定和总结

在科室或部门实习即将结束时，按照实习大纲及实习相关要求，首先进行自我鉴定和总结。

2. 带教老师出科鉴定

由实习学生所在实习科室或部门的带教老师客观、综合地评价实习学生对专业理论和操作技能的掌握程度，做出出科鉴定。鉴定结果填入实习手册中的《出科考核表》，科室负责人审核、签名。

3. 出科考核

由实习科室或部门组织实习学生集中考试，安排在出科前一周内进行，主要采取笔试方式，也可采取口试方式进行。成绩由实习科室或部门评定，教学主任或秘书签名或盖章。

出科考核成绩记入学生实习手册中《出科考核表》。

4. 毕业考核

由顶岗实习成绩综合鉴定和毕业考试两部分组成。

（三）考核评定方法及标准

1. 出科鉴定

（1）鉴定方法：由实习带教老师根据平时观察了解所掌握的学生学习、工作和思想情况等认真地逐项填写评语及记分。评价指标共五项，包括药学道德、药学理论及服务、操作技能、工作学习态度、组织纪律。每项为20分。按优（18～20分）、良（16～17分）、中（14～15分）、及格（12～13分）、不及格（0～11分）进行评定，总分不满60分者为该科出科鉴定不及格。

（2）评分标准

1）药学道德：品行端正，树立一丝不苟的工作作风，服装整洁，举止庄重；为人作风正派，谦虚谨慎，尊敬师长，能正确处理与医护人员、同事及服务对象的关系。尊重服务对象，对服务对象一视同仁，不以职谋私，能够自觉宣传医药知识。

2）药学理论及药学服务：掌握常用药品的名称、药理作用、用途、剂型、规格、剂量、用法、不良反应等。掌握处方调配的程序、药物制剂制备的工艺流程、药物质量检查的方法、药品购销方法、储存与养护方法。能够利用所学知识分析解决实际问题。

3）操作技能：主动学习基本操作技术。处方审查认真仔细，调配正确、熟练、无差错。常用仪器操作正确、规范，符合操作规程要求。药品储存养护得当，能完成药品采购销售工作。掌握药品检验的常规方法，有一定的综合分析能力，有独立工作的能力，各项记录及检验报告书写及时、规范，内容完整、准确，文字简练、清晰、有逻辑性。

4）工作学习态度：服务态度好，工作学习积极主动，能按时完成各项学习任务，无差错事故，责任心强；虚心好学、刻苦钻研业务，能做到理论联系实际地实习。

5）组织纪律：能认真遵守学校和实习单位的各项规章制度，遵纪守法；服从管理，能够严格规范自己实习期间的言行举止，组织观念强，无迟到、早退及旷实习等现象，能遵守实习期间的请假规定。

（3）评定等级

1）优：能全面达到上述要求，在实习期间表现突出并得到带教老师及部门工作人员好评者。

2）良：较好地达到上述要求，没有不良现象反映者。

3）中：基本能达到上述要求，没有不良现象反映者。

4）及格：基本能达到上述要求，有轻微违纪行为，但经教育有改正表现者。

5）不及格：未能达到上述要求或有违纪行为，经教育无效者。

（4）评分要求：各科室或部门带教老师评价记分时，必须全面考虑、实事求是、从严掌握、力求公正、能真正反映实习学生的实习情况；同一科室者最好彼此间加以纵横比较，必须防止趋中倾向，不要回避最高分和最低分。

实习学生在一个科室或部门缺实习时间超过三分之一者，不准参加出科成绩评定，待补实习后再参加评定。

补实习学生要向教学和学生管理部门说明原因，经其批准，待全部实习结束后方可安排补实习。

2. 出科考核

出科考核可采取实践操作或理论测试相结合，主要采取笔试方式，也可采取口试方式进行，考查实习学生的思维分析和语言表达能力，内容有药学基本理论和基本知识、提问回答、基本技能操作考核等。成绩由实习科室评定，科室主任或部门负责人签名或盖章。

3. 毕业考核

（1）顶岗实习综合鉴定成绩由专业带头人、辅导员结合学生顶岗实习期间的出科成绩以及日常表现对学生做出综合评价，并给予成绩；有一科及以上无出科成绩者或实习期间有严重违反实习管理规定者，视为不及格。

（2）毕业考试由药学检验系统一组织；学生顶岗实习综合鉴定成绩不合格者，不准参加毕业考试。

中药学专业实习大纲

一、实习目的

毕业实习是中药学专业临床实践教学的重要组成部分,是理论联系实际,培养学生独立工作能力的必经途径。通过实习,使学生进一步巩固和提高所学基础理论知识、实践操作技能,培养学生独立分析问题、解决问题的实际工作能力,培养学生严谨求实的工作作风和良好的中药学职业道德,牢固树立救死扶伤,全心全意为人民、为患者服务的思想。实习结束后,使学生在政治思想、职业道德、专业技能、工作能力等方面得到全面提升,为今后从事中药学工作打下坚实基础。

1. 熟悉中药学专业各工作岗位的工作职责和范畴,明确应具备的思想品质、理论知识和业务技能要求,了解中药学工作者在医疗卫生事业中的任务和责任。

2. 能够将专业基础理论、基本技能与实际工作紧密结合,进一步提高专业技能和业务水平。

3. 熟悉医院药学部职能、医院药局工作程序及工作要点,准确完成中药请领、分发、回收等日常工作,熟悉临床药学服务的基本知识和原则。

4. 熟悉中药生产车间制剂生产的工艺流程、生产设备,了解其车间布局及空调、洁净技术的应用情况。

5. 熟悉药品经营企业的工作性质、工作要求和工作任务,掌握中药营销、零售的技巧及方法,提高沟通能力。

6. 熟悉中药学实践中涉及的药事法规及药事管理制度。

7. 掌握中药学专业各岗位从业人员应具有的职业道德。

8. 熟悉计算机在中药学工作中的应用情况,并能够正确、规范及熟练地操作。

9. 初步掌握中医药科技论文的写作方法和能力,了解开展中医药科研的基本方法与思路。

二、实习科目及时间分配

毕业实习采用轮转方式进行,时间安排在第三学年,共计 40 周,主要在医院药学部、药品生产企业或药品经营企业实习,具体安排如下。

(一)医院药学部

中药局(含中药饮片、配方颗粒)	12 周
成药局(含中、西成药)	12 周
医院制剂室	4 周
药品检验室	4 周
临床药学科	6 周
药品采购中心/药库	2 周

(二)药品生产企业

口服制剂车间	10 周
注射剂车间	10 周
外用制剂车间	8 周
质量管理部	8 周
外包车间	4 周

(三)药品经营企业

质量管理部	10 周
采购部	10 周
销售部	12 周

储运部　　　　　　　　　　　　　　8 周

各实习单位也可根据实际情况安排学生在各部门轮转，但至少需轮转 3 个科室（车间或部门），以保证学生实习有效进行。

三、实习内容与要求

（一）医院药学部

1. 中药局（含中药饮片、配方颗粒）

理论知识要求：

（1）掌握中药饮片及配方颗粒调剂工作的程序、方法及工作制度。

（2）掌握中药处方格式、书写规格及处方的保存制度。

（3）掌握中药处方的审方、核价、调剂、核对、发药的工作程序及有关管理规定。

（4）掌握毒、麻中药和细贵药材的有关管理制度与规定。

（5）掌握常用中药饮片及配方颗粒的性状、功效应用及配伍禁忌证。

（6）掌握汤剂的制备方法及注意事项，配方颗粒的使用方法及注意事项。

（7）熟悉常用中药炮制的设备、操作技能与工作制度。

（8）熟悉中药的领发制度及药品金额统计、消耗等日常工作程序。

（9）熟悉常用中药处方的组成、功效、用法及用量。

（10）了解实习医院的中药用药习惯、中药柜及中药药斗摆放规律。

技能操作要求：

（1）能熟练完成中药处方的调配，能准确熟练地进行中药称量，药材称量误差符合规定。

（2）能够准确辨认各类中药饮片，鉴别常见易混药及贵重药。

（3）能够熟练操作常用中药炮制设备完成中药煎制工作。

（4）能够使用中药配方颗粒智能调配机完成中药颗粒的调剂工作。

2. 成药局（含中、西成药）

理论知识要求：

（1）掌握中、西成药局药品调剂工作的一般程序。

（2）掌握处方的种类及基本结构，熟悉处方管理办法，了解常用处方的拉丁文缩写及处方的保存制度。

（3）熟悉医院常用成药的名称（通用名及商品名）、药理作用、剂型、规格、剂量、用途、用法、不良反应、药物的相互作用、配伍禁忌、用药注意事项及老年和幼儿的用量换算等。

（4）熟悉毒、麻、精神、贵重药品的种类及管理办法。

（5）熟悉成药房的布局及药品分类存放原则。

技能操作要求：

（1）能准确审核医师处方，熟练完成收发、审方、调配、发药的全过程。

（2）能正确调配医师处方，做到"四查十对"，准确快速地调配药品。

（3）能正确管理、调配毒、麻、精神和贵重药品。

（4）能完成药剂师其他日常工作，如药品的请领、分发、回收、下送、登记、统计等工作。

（5）了解计算机在药房工作中的作用，能够熟练使用计算机工作。

3. 医院制剂室

理论知识要求：

（1）掌握医院常用制剂的制备工艺及操作要求。

（2）了解原料、中间品及不同剂型产品（颗粒、散剂、胶囊、合剂等）的质量标准和储存注意事项。

（3）熟悉医院制剂配制的标准操作规程。

（4）熟悉相关制剂设备的性能特点和使用方法。

（5）熟悉医院制剂室生产环境的要求及有关制度。

（6）熟悉医院制剂室的区域设置。

技能操作要求：

（1）能够制备各类医院制剂常用的剂型。

（2）能够独立完成医院制剂配制过程中常用操作，如称量、加热、搅拌、研磨、粉碎、混合等。

（3）能熟练使用常用的制剂设备，如天平、水浴锅、烘箱、灌装机、压片机等。

（4）学会配制容器、制药设备的清洁处理方法。

4. 药品检验室

理论知识要求：

（1）掌握现行版《中华人民共和国药典》的有关内容。

（2）掌握常用中药制剂、物料、半成品、成品检验的操作规程。

（3）掌握常用中药的来源、性状鉴别、显微鉴别、功效、劣质品、伪品等鉴别技能，了解常用中药的理化鉴别及成分知识。

（4）熟悉常见制剂的检查、含量测定的方法。

（5）了解药品检验常用试剂和试液的用途及配制方法。

（6）熟悉中药鉴定常用的分析仪器的使用方法，如气相色谱、分光光度计等。

（7）了解药品标准制定的全过程。

技能操作要求：

（1）能较熟练掌握药品法定标准或企业标准。

（2）能够对常用的医院制剂进行质量检查。

（3）能够熟练地对常用原药材、中药饮片进行真伪、优劣鉴别。

（4）能够进行质检项目的操作，如 pH 测定、含量测定、旋光度测定等。

（5）能够配制药品检验常用试剂和试液。

（6）能正确使用和保养酸度计、旋光仪、分光光度计等常用检验仪器设备。

（7）能准确处理检验结果，正确填写质量检验记录单和报告单。

（8）能进行定量分析的方法学考查实验、分析实验条件的筛选优化。

5. 临床药学部

理论知识要求：

（1）熟悉医院临床药学工作的主要内容、程序、地位与作用。

（2）掌握常见病、多发病的治疗原则及用药情况。

（3）通过查房、访问患者、查阅病历、向医护人员学习等途径，了解常见病、多发病的病因、诊断及临床表现。

（4）掌握临床常见不良反应的类型及表现。

（5）熟悉常用药物合理应用知识。

（6）掌握血药浓度监测的方法及意义。

技能操作要求：

（1）能够根据诊断和药物治疗原则，提出用药意见或建议，协同医师制订药物治疗方案。

（2）能够评估用药方案，对不合理用药进行干预。

（3）能够对患者进行用药教育、指导合理用药。

（4）能够正确进行血药浓度监测的操作。

（5）能够正确分析药物不良反应，并将结果上报。

（6）能够整理分析中药信息和中药情报。

6. 药品采购中心/药库

理论知识要求：

（1）熟悉各类药品（中药饮片、成药、配方颗粒等）的采购、验收、保管、陈列、应用方面的基本知识。

（2）熟悉药品采购中心/药库的工作任务、基本管理制度。

（3）熟悉中药饮片质量的检查、验收及药品的贮藏保管方法。

（4）熟悉有效期药品、易燃易爆药品、生物制品及其他特殊性药品的储存与管理。

（5）熟悉药品采购中心/药库的设施和设备使用要求。

（6）了解药品预算、统计、日消月结、领取、报销及发放等工作程序及注意事项。

技能操作要求：

（1）能够根据药品的性质，选择合适的储存保管条件。

（2）能完成药品的预算、统计、发放等工作。

（3）能较熟练进行药品的分类保管、账表制作、药品（药材）验收等工作。

（4）能够正确使用药库的设施和设备。

（5）熟悉计算机在库房管理中的应用，能熟练使用计算机工作。

（二）药品生产企业

1. 口服制剂车间

理论知识要求：

（1）掌握中药丸剂、散剂、片剂、合剂、糖浆剂、酊剂、胶囊剂等口服制剂制备的工艺流程，中药片剂包衣的常用材料及特点、包衣方法和流程。

（2）掌握中成药制前处理过程及随方炮制原则，掌握中药炮制对中成药质量、临床疗效的影响。

（3）掌握药剂稳定性、药物配伍变化等知识内容。

（4）掌握压片过程中常出现的质量问题及解决方法，压片过程中片剂的质量差异、硬度崩解度等的检查方法和质量控制方法。

（5）熟悉包衣过程中常出现的质量问题及解决方法。

（6）熟悉药品 GMP 对药品内包装的要求和规定，药品内包工作程序及要点。

（7）熟悉口服制剂的主要含量测定及投料计算，中间产品如软材质量、湿颗粒含水量等质量控制方法。

（8）熟悉药品 GMP 对药品生产车间洁净度要求和洁净度控制方法。

（9）了解粉碎机、干燥装置、制粒机、压片机、包衣机、全自动胶囊填充机等设备的工作原理。

技能操作要求：

（1）能够按规定进行制粒、压片、包衣等操作。

（2）能够按规定对丸剂、散剂、片剂、合剂、糖浆剂、酊剂、胶囊剂等进行相应的质量检查。

（3）能够及时解决生产过程中出现的各种问题。

（4）能够操作和保养各种中药制药设备和仪器仪表，并能对设备进行维护与保养。

（5）能够正确穿脱无菌服，进出无菌车间。

2. 注射剂车间

理论知识要求：

（1）掌握中药注射剂（输液剂、乳状液型注射剂、中药注射用无菌粉末）的生产工艺流程。

（2）熟悉纯化水、注射用水、灭菌注射用水的制备及储存条件。熟悉离子交换柱、反渗透装置的工作原理。

（3）熟悉药品 GMP 对无菌制剂厂房的洁净度要求和洁净度控制方法。

（4）熟悉物料平衡计算方法，能够进行简单的投料计算。

（5）熟悉各类注射剂生产过程中间品、成品的质量要求及质量检查方法。

（6）了解安瓿洗瓶机、安瓿自动灌封机、灭菌烘箱、冻干机等仪器设备的工作原理及使用方法。

（7）了解注射剂生产批号的划分原则。

技能操作要求：

（1）能够进行简单的投料操作，完成注射剂的制备。

（2）能够对注射剂中间品、成品进行装量检查、可见异物检查、无菌检查等质量检查。

（3）能够进行安瓿、输液瓶、橡胶塞、铝盖、配液容器、管道、滤器等的清洁处理。

（4）能够操作和保养安瓿自动灌封机、热压灭菌器、冻干机等注射剂制备的仪器设备。

（5）能够正确穿脱无菌服，进出无菌车间。

3. 外用制剂车间

理论知识要求：

（1）熟悉药品 GMP 对外用制剂厂房的洁净度要求和洁净度控制方法。

（2）熟悉常见外用制剂如气雾剂、喷雾剂、洗剂、搽剂、软膏剂、凝胶剂、涂膜剂、软膏剂、滴眼、含漱剂等剂型的制备工艺流程。

（3）熟悉常用外用制剂原辅料、中间品、成品的质量检查方法。

（4）熟悉物料平衡计算方法，进行简单的投料计算。

（5）了解外用制剂常用仪器设备的工作原理及使用方法。

技能操作要求：

（1）能够进行简单的投料操作以及各种外用制剂一般岗位操作，完成外用制剂的制备。

（2）能够根据不同外用制剂的质量要求进行相应的质量检查。

（3）能够熟练地按照外用制剂所使用的仪器设备操作规程进行操作。

（4）能够对外用制剂所使用的仪器设备进行基本的维护保养。

4. 质量管理部

理论知识要求：

（1）掌握药典中规定的各类剂型检查项目，如水分测定、灰分测定、浸出物检查、挥发油含量测定等。

（2）掌握常用药物制剂、物料、半成品、成品的检验操作规程。

（3）熟悉常见制剂、物料、半成品、成品的检查和含量测定的方法。

（4）了解药品检验试剂和试液的用途及配制方法。

（5）了解质检仪器如酸度计、旋光仪、分光光度计等的结构、性能及原理。

技能操作要求：

（1）能够熟练地查阅《中华人民共和国药典》。

（2）能够对物料、中间品、成品等进行快检或常规质量检查。

（3）学会配制药品检验常用试剂和试液。

（4）能够正确使用和保养旋光仪、分光光度计、高效液相色谱仪等常用仪器。

（5）能准确处理检验结果，正确填写质量检验记录单和报告单。

5. 外包车间

理论知识要求：

（1）掌握药品 GMP 对药品外包装的要求。

（2）熟悉药品外包工作程序及工作要点。

（3）了解常用包装设备的种类及原理。

技能操作要求：

（1）能够准确进行药物的外包操作，无漏装、少装说明书、漏贴标签等现象。

（2）能够操作和保养各类外包仪器设备。

（三）药品经营企业

1. 质量管理部

理论知识要求：

（1）掌握药事管理的基本理论和方法，掌握药品的特殊性、药品质量特点与管理要求。

（2）掌握药品 GSP 等规范。

（3）掌握药品流通领域中药品质量的监督管理制度。

（4）掌握药品经营企业在质量管理工作中的主要任务和内容。

（5）了解药品批发企业和药品零售企业的工作性质、工作要求及工作任务。

（6）熟悉药品验收的程序、验收内容及验收方法。

（7）熟悉《中华人民共和国药品管理法》《药品召回管理办法》等药事法规。

技能操作要求：

（1）能够快速准确验收各类药品。

（2）能准确审核供货单位和购货单位的合法性、购进药品的合法性。

（3）能准确收集和管理药品信息，建立药品质量档案。

2. 采购部

理论知识要求：

（1）熟悉药品 GSP 中对药品经营企业采购环节的管理规定。

（2）熟悉药品采购的基本原则。

（3）熟悉药品经营企业药品购进的工作程序及各环节管理要点。

技能操作要求：

（1）能准确审核购货单位的合法性、购进药品的合法性及供货单位销售人员的合法资格。

（2）能准确编制并填写药品采购记录，包括药品的通用名称、剂型、规格、生产厂商、供货单位、数量、价格、购货日期等内容。

3. 销售部

理论知识要求：

（1）掌握药品的特殊性、药品质量特点与管理要求。

（2）熟悉中药营销的特点。

（3）熟悉药品 GSP 中对药品销售人员的管理规定。

（4）熟悉药品的代理谈判程序及销售程序。

（5）了解药品零售企业门店的店堂布局、处方调剂等工作程序及管理要点。

（6）熟悉实习单位的主要经营范围，所经营的各类药品的名称（通用名及商品名）、价格、剂型、规格、剂量、用途、用法、不良反应、用药注意事项等。

（7）熟悉常见疾病的症状、发展规律以及用药知识。

技能操作要求：

（1）能够向药品零售企业或顾客正确介绍药品的性能、用途、禁忌证等，开展药学咨询服务。

（2）能正确销售处方药与非处方药。

4. 储运部

理论知识要求：

（1）熟悉药品 GSP 中对药品储存与运输的监管规定。

（2）熟悉药品储存管理的工作内容、基本原则。

（3）熟悉药品仓库管理规章制度，掌握药品仓库专库要求、分类存放原则，了解药品堆垛要求与色标管理。

（4）熟悉仓库药品的养护工作及建立药品养护档案。

（5）熟悉医药商品流通过程的特点及配送注意事项。

技能操作要求：

（1）能根据药品的性质，选择合适的储存保管条件和养护方法。

（2）能完成药品的统计、发放等工作。

（3）能正确使用药库的设施和设备。

（4）能熟练使用药品储存及配送的电脑软件管理系统。

四、实习考核

（一）考核内容

临床实习考核是对学生能否实现中药学专业教育培养目标的评价，即对每个学生思想、业务综合素质和能力的测试、评定。

实习考核包括出科鉴定、出科考核（理论考试、操作技能考试）。

考核的主要内容有：中药学专业基本理论和基本知识、药事法规、操作技能、实习表现、学习态度、服务质量和组织纪律等。

（二）考核程序

1. 学生自我鉴定和总结

在科室（车间或部门）实习即将结束时，按照实习大纲及实习手册的要求，首先进行自我鉴定和总结。

2. 带教老师出科鉴定

由实习学生所在实习科室（车间或部门）的带教老师客观、综合地评价实习学生对专业理论和操作技能的掌握程度，做出出科鉴定。鉴定结果填入实习手册中的《出科考核表》，科室（车间或部门）负责人审核、签字。

3. 出科考核

由实习科室（车间或部门）组织实习学生集中考试，安排在出科前一周内进行，主要采取笔试方式，也可采取口试方式进行。成绩由实习科室（车间或部门）评定，教学主任或秘书签名或盖章。出科考核成绩记入学生实习手册中的《出科考核表》。

4. 毕业考核

由顶岗实习成绩综合鉴定和毕业考试两部分组成。

（三）考核评定方法及标准

1. 出科鉴定

（1）鉴定方法：由实习带教老师根据平时观察所掌握的学生学习、工作和思想情况等认真地逐项填写评语及记分，按百分制计算。评价指标共五项，职业道德、中药学理论及服务、操作技能、工作学习态度、组织纪律。每项为20分。按如下方法记分：

优 18～20、良 16～17、中 14～15、及格 12～13、不及格 0～11 分，总分不满 60 分者为该科（车间或部门）出科鉴定不及格。

(2)评分标准

1)职业道德：品行端正，具有一丝不苟的工作作风，服装整洁，举止庄重；为人作风正派，谦虚谨慎，尊敬师长，能正确处理与医护人员、同事及服务对象的关系。尊重服务对象，对服务对象一视同仁，不以职谋私，能够自觉宣传中医药知识。

2)中药学理论及药学服务：掌握常用中药的性状鉴别、显微鉴别、理化鉴别方法。能够鉴别出常用中药的真伪优劣。掌握常用中成药的名称、药理作用、用途、剂型、规格、剂量、用法、不良反应等。掌握处方调配的程序、中药制剂制备的工艺流程、药品购销方法、储存与养护方法。能够利用所学知识分析解决实际问题。

3)操作技能：主动学习各种基本操作技能。处方审查认真仔细，调配正确、熟练，无差错。常用仪器操作正确、规范，符合操作规程要求。药品储存养护得当。能完成药品采购销售工作。掌握药品检验的常规方法，有一定的综合分析能力，能独立承担各种工作，各项记录及检验报告书写及时、规范，内容完整、准确，文字简练、清晰、有逻辑性。

4)工作学习态度：服务态度好，工作学习积极主动，能按时完成各项学习任务，无差错事故，责任心强；虚心好学、刻苦钻研业务，能做到理论联系实际地实习。

5)组织纪律：能认真遵守学校和实习单位的各项规章制度，遵纪守法；服从管理，能够严格规范自己实习期间的言行举止，组织观念强，无迟到、早退及旷实习等现象，能遵守实习期间的请假规定。

(3)评定等级

1)优：能全面达到上述要求，在实习期间表现突出并得到带教老师及科室（车间或部门）工作人员好评者。

2）良：较好地达到上述要求，没有不良现象反映者。

3）中：基本能达到上述要求，没有不良现象反映者。

4）及格：基本能达到上述要求，有轻微违纪行为，但经教育有改正表现者。

5）不及格：未能达到上述要求或有违纪行为，经教育无效者。

（4）评分要求：各科室（车间或部门）带教老师评价记分时，必须全面考虑、实事求是、从严掌握、力求公正，能真正反映实习学生的实习情况；同一科室（车间或部门）者最好彼此间加以纵横比较，防止趋中倾向，不要回避最高分和最低分。

实习学生在一个科室（车间或部门）缺勤时间达三分之一者，不准参加出科成绩评定，待补实习后再参加评定。

补实习学生要向教学和学生管理部门说明原因，经其批准，待全部实习结束后方可安排补实习。

2. 出科考核

出科考核可采取实践操作与理论测试相结合，主要采取笔试方式，也可采取口试方式进行，考查实习学生的思维分析和语言表达能力，内容有中药学基本理论和基本知识、基本技能操作考核等。成绩由实习科室评定，科室主任或部门负责人签名或盖章。

3. 毕业考核

（1）顶岗实习综合鉴定成绩由专业带头人、辅导员结合学生顶岗实习期间的出科成绩以及日常表现对学生做出综合评价，并给予成绩；有一科及以上无出科成绩者或实习期间有严重违反实习管理规定者，视为不及格。

（2）毕业考试由药学检验系统一组织；学生顶岗实习综合鉴定成绩不合格者，不准参加毕业考试。

药品经营与管理专业实习大纲

一、实习目的

毕业实习是药品经营与管理专业人才培养的重要组成部分，是理论联系实际，培养学生独立工作能力的必经途径。通过毕业实习，使学生能较系统地将专业理论知识与实践技术联合起来，并对药品的生产、经营及医药管理等各环节的实质工作有全面的认识，把学到的理论知识运用到实践中，进一步巩固和提高所学理论知识、操作技能，进而培养学生独立分析问题、解决问题的能力，以及独立工作的能力和创新精神，养成严谨求实的工作作风和良好的职业道德和职业规范，增强学生的社会责任感，更好地服务社会。

1. 熟悉药品经营与管理专业各工作岗位的工作职责和范畴，明确应具备的思想品质、理论知识和业务技能要求，了解与药品经营与管理专业相关的行业在我国医药产业中的作用和责任。

2. 能够将专业基础理论、基本技能与实际工作紧密结合，进一步提高专业技能和业务水平。

3. 掌握药品批发与零售企业的工作性质、工作要求和工作任务，药品营销、零售的技巧及方法。

4. 掌握药品生产企业的营销、推广等部门的工作性质、要求与销售的方法。

5. 熟悉药品 GSP 规范的具体要求和实际操作。

6. 熟悉业务洽谈和处理一般日常业务问题的基本知识。

7. 熟悉药品流通各领域的方针、政策和法规中与实际工作相关的内容。

8. 熟悉现代信息技术在药品经营与管理相关工作中的应用情况。

9. 熟悉资料检索知识，了解各药企的发展方向。

10. 了解常用的药事法规及药事管理制度。

11. 了解临床药学服务的基本知识和原则。

12. 养成药品经营与管理各岗位从业人员应具有的职业道德和职业规范。

13. 实习结束时完成 1 篇专业论文。

实习结束时，学生在政治思想、职业道德、专业技能、工作能力、身体素质等方面得到全面锻炼，为今后从事相应的工作打下坚实基础。

二、实习科目及时间分配

毕业实习采用轮转方式进行，时间安排在第三学年，共计 40 周，主要在药品批发企业、社会药房及药品生产企业实习，具体安排如下：

（一）药品批发企业

质量管理部	10 周
采购部	10 周
销售部	12 周
储运部	8 周

各实习单位也可根据实际情况安排学生在各部门轮转。

（二）社会药房

营业员	10 周
质检员	10 周
采购员	10 周

养护员　　　　　　8周
收银员　　　　　　2周

各实习单位也可根据实际情况安排学生在各部门轮转。

（三）药品生产企业

各车间　　　　　　5周
医药产品推广部　　10周
市场调研部　　　　10周
销售部　　　　　　10周
储运部　　　　　　5周

各实习单位根据实际情况安排学生在各部门各岗位轮转，以确保学生的实习有效进行。

三、实习内容与要求

（一）药品批发企业

1. 质量管理部

理论知识要求：

（1）掌握药品经营企业在质量管理工作中的主要制度和内容。

（2）掌握药品经营中禁止的行为和与药品经营有关的不正当竞争行为。

（3）熟悉《药品经营质量管理规范》（药品GSP）及药品流通领域中药品经营质量的监督管理制度。

（4）了解药品批发企业和药品零售企业的工作性质、工作要求及工作任务。

（5）熟悉药品验收的程序、验收内容及验收方法。

（6）熟悉《药品召回管理办法》《中华人民共和国药品管理法》等药事法规。

（7）了解药品经营企业人员职业道德。

技能操作要求：

（1）能够快速准确验收各类药品。

（2）能准确审核供货单位和购货单位的合法性、购进药品的合法性。

（3）能准确收集和管理药品信息，建立药品质量档案。

2. 采购部

理论知识要求：

（1）掌握药品采购、储存管理的基本原则。

（2）熟悉药品采购的基本原则。

（3）熟悉药品经营企业药品购进的工作程序及各环节管理要点。

（4）熟悉药品 GSP 中对药品经营企业采购环节的管理规定。

技能操作要求：

（1）能准确审核购货单位的合法性、购进药品的合法性及供货单位销售人员的合法资格。

（2）能准确编制并填写药品采购记录，包括药品的通用名称、剂型、规格、生产厂商、供货单位、数量、价格、购货日期等内容。

3. 销售部

理论知识要求：

（1）熟悉与药品管理有关的药品分类。

（2）熟悉医药产品代理谈判程序及销售程序。

（3）熟悉实习单位的主要经营范围，所经营的各类药品的名称（通用名及商品名）、价格、剂型、规格、剂量、用途、用法、不良反应、用药注意事项等。

（4）熟悉药品零售企业门店的店堂布局、处方调剂等工作程序及管理要点。

（5）熟悉常见疾病的病症、发展规律以及用药知识。

（6）了解药品GSP中对药品销售人员的监管规定。

（7）了解药品经营效益管理。

技能操作要求：

（1）能够向药品零售企业或顾客正确介绍药品的性能、用途、禁忌证等，开展药学咨询服务。

（2）能正确销售处方药与非处方药。

4. 储运部

理论知识要求：

（1）掌握流通领域中药品经营质量的监督管理制度，如药品GSP中对药品储存与运输的监管规定。

（2）掌握药品储存管理的工作内容、基本原则。

（3）熟悉药品仓库管理规章制度、掌握药品仓库专库要求、分类存放原则。了解药品堆垛要求与色标管理。

（4）熟悉仓库药品的养护工作及建立药品养护档案。

（5）了解医药商品流通过程的特点及配送注意事项。

技能操作要求：

（1）能根据药品的性质，选择合适的储存保管条件和养护方法。

（2）能完成药品的统计、发放等工作。

（3）能正确使用药库的设施和设备。

（4）能熟练使用药品储存及配送电脑软件管理系统。

（二）社会药房

（1）掌握社会药房各岗位的工作职责。

（2）掌握社会药房营业员岗位的销售技巧。

（3）熟悉社会药房的类型及特点。

（4）熟悉社会药房的管理制度。

（5）了解社会药房的工作性质、工作要求和工作任务。

(6)了解零售药店与医院药房的差别。

(三)药品生产企业

1. 生产车间

(1)熟悉常用制剂,如固体制剂、注射剂、外用制剂、丸剂等的生产工艺流程,设备的使用、质量监控措施。

(2)熟悉原料药和制剂的质量检验方法与程序。

(3)了解专业药厂各部门的设置、新制剂的研制开发,到生产动作、质量监测、环境保护等概况及相互作用。

(4)了解生产岗位操作法,主要生产设备的使用维护、企业生产技术管理,药品 GMP 管理要点。

2. 医药产品推广部

(1)具备研究市场和行业最新动态,协助制定公司新项目拓展目标并实施的能力。

(2)学会从市场潜力及竞品情况等多角度评估,并初筛出符合公司发展项目的技巧。

(3)协助制定公司总体的市场发展战略以及市场发展目标。

(4)充分利用各类媒介方式有步骤地进行市场推广,并进行必要评估。

(5)掌握制定各类产品培训资料及产品样本的方法。

(6)具备组织实施品牌推广活动的能力。

(7)具有收集行业、市场、产品动态,并进行整理、分析,形成建议提案的能力。

3. 市场调研部

(1)掌握医药市场调研的内容、方法和基本过程。

(2)掌握信息收集、数据统计、分析方面的相关知识。

(3)能够撰写制定医药市场调研的方案,为公司产品开发提供依据。

（4）能够运用医药市场调查技术与营销实战。

（5）了解公司运营活动的作用和产品的市场状态。

4. 销售部

（1）掌握药品营销部门的工作内容、工作制度、岗位职责、药政管理和医药商品的条例、方法，应具有的职业道德。

（2）熟悉医药商品的购、销、组织运输、验收、归类、进账、仓库养护、验发等经营管理环节。

（3）熟悉实习单位所经营的各类药品的名称（通用名及商品名）、价格、剂型、规格、剂量、用途、用法、不良反应、用药注意事项等。

（4）熟悉常见疾病的病症、发展规律以及用药知识。

（5）了解药品 GSP 中对药品销售人员的监管规定。

（6）了解药品经营效益管理。

（7）能够向药品零售企业或顾客正确介绍药品的性能、用途、禁忌证等，开展药学咨询服务。

5. 储运部

（1）掌握流通领域中药品经营质量的监督管理制度，如药品 GSP 中对药品储存与运输的监管规定。

（2）掌握药品储存管理的工作内容、基本原则。

（3）熟悉药品仓库管理规章制度、掌握药品仓库专库要求、分类存放原则。了解药品堆垛要求与色标管理。

（4）熟悉仓库药品的养护工作及建立药品养护档案。

（5）了解医药商品流通过程的特点及配送注意事项。

（6）能根据药品的性质，选择合适的储存保管条件和养护方法。

（7）能完成药品的统计、发放等工作。

（8）能正确使用药库的设施和设备。

（9）能熟练使用药品储存及配送电脑软件管理系统。

四、实习考核

(一)考核内容

实习考核是对学生能否实现医学教育培养目标的评价,即对每个学生政治、业务综合素质和能力的测试、评定。

实习考核包括:各实习岗位鉴定、考试(理论考试、操作技能考试)。

考核的主要内容有:专业基本理论和基本知识,药事法规,专业技能,实习表现、学习态度、服务质量和组织纪律等。

(二)考核程序

1. 学生自我鉴定和总结

在实习即将结束时,按照实习大纲及实习手册的要求,首先进行自我鉴定和总结。

2. 带教老师鉴定

由实习学生所在实习单位或部门的带教老师客观、综合地评价实习学生对专业理论和操作技能的掌握程度,做出出科鉴定。鉴定结果填入实习手册中的《出科考核表》,科室负责人审核、签名。

3. 实习考核

由实习单位组织实习学生集中考试,安排在结束实习前一周内进行,主要采取笔试方式,也可采取口试方式进行。成绩由实习单位评定,实习单位相应的负责人签名或盖章。

实习考核成绩记入学生毕业实习手册中《出科考核表》。

4. 毕业考核

由实习成绩综合鉴定和毕业考试两部分组成。

(三)考核评定方法及标准

1. 实习鉴定

(1)鉴定方法:由实习带教老师根据平时观察了解所掌握的学生学习、工作和思想情况等认真地逐项填写评语及记分,按百分制计算。评价指标共五项,职业道德、专业理论及服务、专业技能、工作学习态度、组织纪律。每项为20分。按如下方法记分:

优18~20、良16~17、中14~15、及格12~13、不及格0~11分,总分不满60分者为该科出科鉴定不及格。

(2)评分标准

1)职业道德:品行端正,为人作风正派,谦虚谨慎,尊敬师长,能正确处理人际关系。尊重服务对象,对服务对象一视同仁,不以职谋私,能够自觉宣传医药知识。

2)专业理论及服务:掌握药品经营与管理专业知识和技术技能,具备从事医药商品购销、储运、养护、质量控制、药店经营、医药电子商务平台运营管理等工作的能力与素质,并具有为全民健康服务与宣传的意识。

3)专业技能:具有运用专业知识从事医药企业运营管理工作的能力。掌握药品采购、药品储存管理、药品运输配送等基本技能;能够准确介绍医药商品;具有一定的医药市场拓展、商务谈判、药品销售的实战技巧,以及能够对医药市场信息进行收集、分析及应用,并能够熟练使用医药经营管理软件,具有药品网络市场运营能力。

4)工作学习态度:服务态度好,工作学习积极主动,能按时完成各项学习任务,无差错事故,责任心强;虚心好学、刻苦钻研业务,能做到理论联系实际地实习。

5)组织纪律:能认真遵守学校和实习单位的各项规章制度,遵纪守法;服从管理,能够严格规范自己实习期间的言行举止，组织观念强，无迟到、早退及旷实习等现象，能遵守实习期间的请假规定。

（3）评定等级

1）优：能全面达到上述要求，在实习期间表现突出并得到带教老师及部门工作人员好评者。

2）良：较好地达到上述要求，没有不良现象反映者。

3）中：基本能达到上述要求，没有不良现象反映者。

4）及格：基本能达到上述要求，有轻微违纪行为，但经教育有改正表现者。

5）不及格：未能达到上述要求或有违纪行为，经教育无效者。

（4）评分要求：各岗位带教老师评价记分时，必须全面考虑、实事求是、从严掌握、力求公正、能真正反映实习学生的实习情况；同一科室者最好彼此间加以纵横比较，必须防止趋中倾向，不要回避最高分和最低分。

实习学生缺实习时间达三分之一者，不准参加实习成绩评定，待补实习后再参加评定。

补实习学生要向教学和学生管理部门说明原因，经其批准，待全部实习结束后方可安排补实习。

2. 实习考核

实习考核可采取实践操作或理论测试相结合，主要采取笔试方式，也可采取口试方式进行，考查实习学生的思维分析和语言表达能力，内容有药学基本理论和基本知识、提问回答、基本技能操作考核等。成绩由实习单位评定，实习单位相关负责人签名或盖章。

3. 毕业考核

（1）实习综合鉴定成绩由专业带头人、辅导员结合学生顶岗实习期间的出科成绩以及日常表现对学生做出综合评价，并给予成绩；有一科及以上无出科成绩者或实习期间有严重违反实习管理规定者，视为不及格。

（2）毕业考试（论文答辩）由药学检验系统一组织；学生顶岗实习综合鉴定成绩不合格者，不准参加毕业考试。

药物制剂技术专业实习大纲

一、实习目的

毕业实习是药物制剂技术专业教育教学的重要环节，在提高学生综合职业素养，培养学生的专业能力、社会能力、方法能力及创新精神等方面起到重要作用。通过专业实习，使学生较系统地将药物制剂技术专业的理论知识、专业技术技能与实际相结合起来，培养学生良好的学习能力、团队意识、规范意识、质量意识、安全意识、环保意识、组织纪律观念等多方面职业技能和职业素养，严谨的科学态度和工作作风，巩固所学的理论知识，培养学生分析问题和解决问题的能力，为毕业后从事医药工作打下基础。

1. 熟悉药物制剂技术专业各工作岗位的工作职责和范畴，明确应具备的思想品质、理论知识和业务技能要求，了解药学工作者在医疗卫生事业中的作用和责任。

2. 能够将专业基础理论、基本技能与实际工作紧密结合，进一步提高专业技能和业务水平。

3. 熟悉药品生产车间岗位操作，工艺流程，生产设备使用及维护，药品检验规范及具体操作，了解其车间布局及空调、洁净技术的应用情况，虚心向技术人员和生产工人学习。

4. 熟悉常用制剂的制备方法和质量检查方法，医院药剂工作的各项管理制度（如调剂工作制度、制剂工作制度等），准确完成药品请领、分发、回收等日常工作，熟悉临床药学服务的基本知识和原则。

5. 熟悉药品经营企业的工作性质、工作要求和工作任务，药品采购、储存管理的基本原则，与药品管理有关的药品分类，药品营销、零售的技巧及方法，了解开办药品经营企业对人员和经营场所的要求，对药品销售人员的监管。

二、实习科目及时间分配

毕业实习采用轮转方式进行，时间安排在第三学年，共计40周，主要在药品生产企业、医院药学部或药品经营企业实习，具体安排如下：

（一）药品生产企业

口服固体制剂车间　　　　10周

（粉碎、制粒干燥、压片、包衣、胶囊填充、制丸、内包装等岗位）

注射剂车间　　　　　　　10周

（配制、灌封、冷冻干燥、灭菌、检漏等岗位）

外用制剂及其他制剂车间　8周

（配制、灌装等岗位）

质量管理部　　　　　　　8周

（质量控制管理部、质量保障管理部）

外包车间　　　　　　　　4周

（贴标、包装等岗位）

（二）医院药学部

医院制剂室　　　　10周

药品检验室　　　　8周

西药局　　　　　　8周

中药局　　　　　　6周

临床药学部　　　　6周

药库　　　　　　　2周

（三）药品经营企业

质量管理部	10 周
采购部	10 周
销售部	12 周
储运部	8 周

各实习单位可根据实际情况安排学生在各部门各岗位轮转，但至少需轮转 3 个车间 5 个或以上岗位，以确保学生的实习有效进行。

三、实习内容与要求

（一）药品生产企业

1. 口服固体制剂车间

理论知识要求：

（1）掌握片剂、颗粒剂、胶囊剂、丸剂等口服固体制剂制备的工艺流程（如片剂原、辅料的预处理混合、软材的制备、粒度大小的控制、干燥，压片的操作等操作规程，片剂包衣的常用材料及特点，包衣过程和操作要点）。

（2）掌握压片过程、包衣过程中常出现的质量问题及解决方法，压片过程中片剂的质量差异、硬度崩解度等的检查方法和质量控制方法。

（3）熟悉口服固体制剂的主要含量测定及投料计算，中间产品如软材质量、湿颗粒含水量等质量控制方法。

（4）熟悉《药品生产质量管理规范》（药品 GMP）的基本知识，药品生产质量管理制度、文件。

（5）了解常规制药设备如粉碎机、干燥装置、制粒机、压片机、包衣机、全自动胶囊填充机等精密制药设备的结构原理、性能、使用和保养。

技能操作要求：

（1）能够按规定进行制粒、压片、包衣、胶囊填充、制丸等操作。

（2）能够按规定对颗粒剂、片剂、胶囊剂、丸剂进行相应的质量检查。

（3）能够及时解决制粒、压片、包衣等过程中出现的各种问题。

（4）能够操作和保养各种制备口服固体制剂的仪器设备。

2. 注射剂车间

理论知识要求：

（1）掌握注射剂（小容量注射剂、输液剂、注射用无菌粉末）的生产工艺流程。

（2）熟悉纯化水、注射用水的制备，熟悉离子交换柱、反渗透装置的工作原理及注射用水的储存条件。

（3）熟悉药品 GMP 对无菌制剂厂房的洁净度要求和洁净度控制方法。

（4）熟悉注射剂生产过程中间品、成品的质量检查方法。

（5）了解安瓿洗瓶机、安瓿自动灌封机、灭菌烘箱、冻干机等仪器设备的工作原理及使用方法。

（6）了解注射剂生产批号的划分原则。

技能操作要求：

（1）能够进行简单的投料操作，完成注射剂的制备。

（2）能够对注射剂中间品、成品进行装量检查、可见异物检查，无菌检查等质量检查。

（3）能够进行安瓿、输液瓶、橡胶塞、铝盖等的清洁处理，配液容器、管道、滤器等的清洁处理。

（4）能够操作和保养安瓿自动灌封机、热压灭菌器、冻干机等注射剂制备的仪器设备。

（5）能够准确穿脱无菌服，进出无菌车间。

3. 外用制剂及其他制剂车间

理论知识要求：

（1）熟悉常见外用制剂如酊剂、洗剂、搽剂、涂膜剂、气雾剂、软膏剂、栓剂等剂型及如口服液、滴眼剂等剂型的制备工艺流程。

（2）熟悉药品 GMP 对相应制剂厂房的洁净度要求和洁净度控制方法。

（3）熟悉各种制剂原辅料、中间品、成品的质量检查方法。

（4）熟悉物料平衡计算，学会进行简单的投料计算。

（5）了解相应制剂常用仪器设备的工作原理及使用方法。

技能操作要求：

（1）能够进行简单的投料操作，各种外用制剂及其他制剂一般岗位操作，完成相应制剂的制备。

（2）能够根据相应制剂的质量要求进行相应的质量检查。

（3）能够熟练按照相应制剂所使用的仪器设备操作规程进行操作，进行基本的维修。

（4）能够对外用制剂所使用的仪器设备进行基本的维修维护保养。

4. 质量管理部

理论知识要求：

（1）掌握原辅料、半成品、成品、包装材料的检验操作规程。

（2）熟悉原辅料、半成品、成品、包装材料的质量检验的方法。

（3）熟悉规范记录检验结果及其存档要求。

（4）了解药品检验试剂和试液的用途及配制方法。

（5）了解质检仪器如紫外分光光度计、薄层扫描仪、高效液相色谱仪、酸度计、水分测定仪、气相色谱仪、崩解仪等的结构、性能及原理。

技能操作要求：

（1）能够熟练地查阅《中华人民共和国药典》。

（2）能够对原辅料、半成品、成品、包装材料等进行快检或常规质量检查。

（3）学会配制药品检验常用试剂和试液。

（4）能够正确使用和保养紫外分光光度计、高效液相色谱仪等常用仪器。

（5）能正确处理检验结果，正确填写质量检验记录单和报告单。

5. 外包车间

理论知识要求：

（1）掌握药品 GMP 对药品外包装的要求。

（2）熟悉药品外包工作程序及工作要点。

（3）了解常用包装机的种类及原理。

技能操作要求：

（1）能够准确进行药物的外包操作，无漏装、少装说明书，漏贴标签等现象。

（2）能够操作和保养各类外包仪器设备。

（二）医院药学部

1. 医院制剂室

理论知识要求：

（1）掌握医院常用制剂品种（如口服液、胶囊剂、外用液体药剂及软膏剂等）的制备方法及操作要求。

（2）熟悉相关制剂设备的使用方法及注意事项。了解原料、中间品、产品的质量标准和储存注意事项。

（3）熟悉医院制剂配置的标准操作规程、制剂环境的要求及有关制度。

（4）了解制剂室的工作任务和业务技术管理。

技能操作要求：

（1）能够配制各类普通制剂。

（2）能够独立完成医院制剂配制过程中的常用操作，如称量、加热、搅拌、研磨、粉碎、混合等。

（3）能使用常用的制剂设备，如天平、水浴锅、烘箱、灌装机、压片机等。

（4）学会配制容器和包装机械的清洁处理方法。

2. 药品检验室

理论知识要求：

（1）掌握现行版《中华人民共和国药典》的有关内容。

（2）掌握原辅料、半成品、成品、包装材料的检验操作规程。

（3）熟悉原辅料、半成品、成品、包装材料常见制剂的质量检验的方法。

（4）熟悉规范记录检验结果及其存档要求。

（5）了解药品检验试剂和试液的用途及配制方法。

（6）了解质检仪器如紫外分光光度计、酸度计、水分测定仪、崩解仪等的结构、性能及原理。

技能操作要求：

（1）能够熟练地查阅《中华人民共和国药典》。

（2）能够对常用的医院制剂进行快检或常规质量检查。

（3）能够进行常规项目的质检，如 pH 测定、含量测定、旋光度测定等。

（4）学会配制药品检验常用试剂和试液。

（5）能正确使用和保养紫外分光光度计、酸度计、水分测定仪、崩解仪等常用检验仪器设备。

（6）能正确处理检验结果，正确填写质量检验记录单和报告单。

3. 西药局（门诊药局和住院药局）

理论知识要求：

（1）掌握门诊药局、住院药局药品调剂工作的一般程序，能按照工作程序完成审方、划价、配方、发药等工作。

（2）掌握处方的种类及基本结构，熟悉处方管理办法，了解常用处方的拉丁文缩写及各种处方的保存制度。

（3）掌握医院常用药品的名称（通用名及商品名）、药理作用、剂型、规格、剂量、用途、用法、不良反应、药物的相互作用、配伍禁忌、用药注意事项及老年和幼儿的用量换算等。

（4）熟悉毒、麻、精神、贵重药品的种类及管理办法，西药房布局及药品分类存放原则。

（5）了解调剂过程中的差错及处理方法。

技能操作要求：

（1）能准确审核医师处方，熟练完成收发、审方、调配、发药的全过程。

（2）能正确调配医师处方，做到准确快速地分装药品。

（3）能正确管理及调配毒、麻、精神和贵重药品。

（4）能完成药剂师其他日常工作，如药品的请领、分发、回收、下送、登记、统计等工作。

（5）了解计算机在药房工作中的作用，能熟练使用计算机工作。

4. 中药局

理论知识要求：

（1）掌握配方、发药等工作程序以及各程序中特殊问题的处理方法。

（2）能正确、熟练地进行中药称量。

（3）熟悉中医处方格式、内容及正确书写方法，处方的保存制度及审方要求。

（4）熟悉常用中成药的剂型、组成、功效、主治及注意事项。

（5）熟悉中草药及其成品药的贮存保管技术。

技能操作要求：

（1）能熟练完成中药处方的调配，能准确熟练地进行中药称量，药材称量误差符合规定。

（2）能准确辨认中药饮片，鉴别常见易混药及贵重药。

（3）能够准确完成中药煎制工作。

（4）了解实习医院的中药用药习惯、中药柜及中药药斗摆放规律。

5. 临床药学部

理论知识要求：

（1）熟悉医院临床药学工作的主要内容、程序、地位与作用。

（2）掌握常见病、多发病的治疗原则及用药情况。

（3）通过查病房、访问患者、查阅病历、向医护人员学习等途径，了解常见病、多发病的病因、诊断及临床表现。

（4）掌握临床常见不良反应的类型及表现。

（5）熟悉常用药物合理应用知识。

（6）掌握常用血药浓度监测的方法及意义。

技能操作要求：

（1）能够根据诊断和药物治疗原则，提出用药意见或建议，协同医师制订药物治疗方案。

（2）能够评估用药方案，对不合理用药进行干预。

(3）能够对患者进行用药教育、指导合理用药。

(4）能够正确进行血药浓度监测的操作。

(5）能够正确分析药物不良反应，并将结果上报。

(6）能够整理分析药学信息和药学情报。

6. 药库

理论知识要求：

(1）熟悉各类药品的陈列、保管、应用方面的基本知识。

(2）熟悉药库的工作任务、基本管理制度。

(3）熟悉有效期药品、易燃易爆药品及其他特殊性药品的储存与管理。

(4）熟悉药库的设施和设备使用要求。

(5）了解药品预算、药品统计、日消月结、领取、报销及药品发放等工作程序及注意事项。

技能操作要求：

(1）能够根据药品的性质，选择合适的储存保管条件。

(2）能完成药品的预算、统计、发放等工作。

(3）能够正确使用药库的设施和设备。

(4）熟悉计算机在库房管理中的应用，能熟练使用计算机工作。

(三）药品经营企业

1. 质量管理部

理论知识要求：

(1）熟悉《药品经营质量管理规范》(药品GSP）及药品流通领域中药品经营质量的监督管理制度。

(2）掌握药品经营企业在质量管理工作中的主要制度和内容。

(3）熟悉药品验收的程序、验收内容及验收方法。

(4）熟悉《药品召回管理办法》《中华人民共和国药品管

理法》等药事法规。

（5）了解药品批发企业和药品零售企业的工作性质、工作要求及工作任务。

技能操作要求：

（1）能够快速准确验收各类药品。

（2）能准确审核供货单位和购货单位的合法性、购进药品的合法性。

（3）能准确收集和管理药品信息，建立药品质量档案。

2. 采购部

理论知识要求：

（1）熟悉药品 GSP 中对药品经营企业采购环节的管理规定。

（2）熟悉药品采购的基本原则。

（3）熟悉药品经营企业药品购进的工作程序及各环节管理要点。

技能操作要求：

（1）能准确审核购货单位的合法性、购进药品的合法性及供货单位销售人员的合法资格。

（2）能准确编制并填写药品采购记录，包括药品的通用名称、剂型、规格、生产厂商、供货单位、数量、价格、购货日期等内容。

3. 销售部

理论知识要求：

（1）熟悉药品 GSP 中对药品销售人员的监管规定。

（2）熟悉药品的代理谈判程序及销售程序。

（3）熟悉实习单位的主要经营范围，所经营的各类药品的名称（通用名及商品名）、价格、剂型、规格、剂量、用途、用法、不良反应、用药注意事项等。

（4）熟悉常见疾病的病症、发展规律以及用药知识。

（5）了解药品零售企业门店的店堂布局、处方调剂等工作程序及管理要点。

技能操作要求：

（1）能够向药品零售企业或顾客正确介绍药品的性能、用途、禁忌证等，开展药学咨询服务。

（2）能正确销售处方药与非处方药。

4. 储运部

理论知识要求：

（1）熟悉药品 GSP 中对药品储存与运输的监管规定。

（2）熟悉药品储存管理的工作内容、基本原则。

（3）熟悉药品仓库管理规章制度、掌握药品仓库专库要求、分类存放原则。了解药品堆垛要求与色标管理。

（4）熟悉仓库药品的养护工作及建立药品养护档案。

（5）熟悉医药商品流通过程的特点及配送注意事项。

技能操作要求：

（1）能根据药品的性质，选择合适的储存保管条件和养护方法。

（2）能完成药品的统计、发放等工作。

（3）能正确使用药库的设施和设备。

（4）能熟练使用药品储存及配送电脑软件管理系统。

四、实习考核

（一）考核内容

临床实习考核是对学生能否实现医药学教育培养目标的评价，即对每个学生政治、业务综合素质和能力的测试、评定。

实习考核包括：出科鉴定、出科考核（理论考试、操作技能考试）。

考核的主要内容有：药物制剂技术专业基本理论和基本知识，药事法规；操作技能；实习表现、学习态度、服务质量和组织纪律等。

（二）考核程序

1. 学生自我鉴定和总结

在科室实习即将结束时，按照实习大纲及实习手册的要求，首先进行自我鉴定和总结。

2. 带教老师出科鉴定

由实习学生所在实习科室或部门的带教老师客观、综合地评价实习学生对专业理论和操作技能的掌握程度，做出出科鉴定。鉴定结果填入实习手册中的《出科考核表》，科室负责人审核、签名。

3. 出科考核

由实习科室组织实习学生集中考试，安排在出科前一周内进行，主要采取笔试方式，也可采取口试方式进行。成绩由实习科室评定，教学主任或秘书签名或盖章。

出科考核成绩记入学生毕业实习手册中《出科考核表》。

4. 毕业测试。

（三）考核评定方法及标准

1. 出科鉴定

（1）鉴定方法：由实习带教老师根据平时观察了解所掌握的学生学习、工作和思想情况等认真地逐项填写评语及记分，按百分制计算。评价指标共五项，职业道德、理论与服务、操作技能、工作学习态度、组织纪律。每项为20分。按如下方法记分：

优 18～20、良 16～17、中 14～15、及格 12～13、不及格 0～11分，总分不满60分者为该科出科鉴定不及格。

(2)评分标准

1)职业道德：品行端正，树立一丝不苟的工作作风，服装整洁，举止庄重；为人作风正派，谦虚谨慎，尊敬师长，能正确处理与同事及服务对象的关系。尊重服务对象，对服务对象一视同仁，不以职谋私，能够自觉宣传医药知识。

2)理论与服务：掌握药物制剂制备的工艺流程、药物质量检测的方法、药品购销方法、储存与养护方法、处方调配的程序。掌握常用药品的名称、药理作用、用途、剂型、规格、剂量、用法、不良反应等。能够利用所学知识分析解决实际问题。

3)操作技能：主动学习基本操作技术。常用仪器设备操作正确、规范，符合操作规程要求。掌握药品检验的常规方法，有一定的综合分析能力，有独立工作的能力，各项记录及检验报告书写及时、规范，内容完整、准确，文字简练、清晰、有逻辑性。药品储存养护得当。能完成药品采购销售工作。处方审查认真仔细，调配正确、熟练，无差错。

4)工作学习态度：服务态度好，工作学习积极主动，能按时完成各项学习任务，无差错事故，责任心强；虚心好学、刻苦钻研业务，能做到理论联系实际地实习。

5)组织纪律：能认真遵守学校和实习单位的各项规章制度，遵纪守法；服从管理，能够严格规范自己实习期间的言行举止，组织观念强，无迟到、早退及旷实习等现象，能遵守实习期间的请假规定。

(3)评定等级

1)优：能全面达到上述要求，在实习期间表现突出并得到带教老师及部门工作人员好评者。

2)良：较好地达到上述要求，没有不良现象反映者。

3)中：基本能达到上述要求，没有不良现象反映者。

4)及格:基本能达到上述要求,有轻微违纪行为,但经教育有改正表现者。

5)不及格:未能达到上述要求或有违纪行为,经教育无效者。

(4)评分要求:各科室或部门带教老师评价记分时,必须全面考虑、实事求是、从严掌握、力求公正、能真正反映实习学生的实习情况;同一科室者最好彼此间加以纵横比较,必须防止趋中倾向,不要回避最高分和最低分。

实习学生在一个学科缺实习时间达三分之一者,不准参加出科成绩评定,待补实习后再参加评定。

补实习学生要向教学和学生管理部门说明原因,经其批准,待全部实习结束后方可安排补实习。

2. 出科考核

出科考核可采取实践操作或理论测试相结合,主要采取笔试方式,也可采取口试方式进行,考查实习学生的思维分析和语言表达能力,内容有专业基本理论和基本知识、提问回答、基本技能操作考核等。成绩由实习科室评定,科室主任或部门负责人签名或盖章。

3. 毕业考核

(1)实习综合鉴定成绩由专业带头人、辅导员结合学生顶岗实习期间的出科成绩以及日常表现对学生作出综合评价,并给予成绩;有一科及以上无出科成绩者或实习期间有严重违反实习管理规定者,视为不及格。

(2)毕业考试(论文答辩)由药学检验系统一组织;学生顶岗实习综合鉴定成绩不合格者,不准参加毕业考试。

医学检验技术专业实习大纲

一、实习目的

临床实习是实现人才培养目标的重要环节，是培养学生独立分析问题、解决问题的能力和科学思维方法，巩固和提高所学的基础理论、临床知识和技能，加强学生临床检验技术综合训练的重要阶段。在临床实习中，要求实习学生树立救死扶伤、全心全意为患者服务的思想，培养良好的医德医风和严谨的工作作风，熟悉医院工作制度、规则、程序。

临床实习主要巩固基础检验医学的基础理论及临床检验专业理论知识，结合临床实践，深化检验医学理论的临床应用。熟练掌握常规检验技术操作技能，熟悉新项目、新技术、新仪器设备的使用及保养措施。结合运用所学知识，通过临床实践，以提高检验质量为核心，加强质量意识，熟悉检验科的科内质控和科间质评方法。培养学生应用沟通技巧建立良好的人际关系，具有自学能力及专业上继续探索和发展的能力，主动运用科技成果于检验工作实践中。熟悉对复杂项目的检验工作，对检验结果做出正确分析，具有参与临床会诊的能力。实习结束时，在政治思想、职业道德、医疗技术、工作能力等方面得到全面锻炼，为今后从事临床检验工作打下良好的基础。培养学生高度的责任感、独立工作能力和良好的专业技能；具备检验科技人员的职业道德和行为准则，热爱检验事业、全心全意地为临床检验及患者服务。

二、实习科目及时间分配

毕业实习采用轮科方式进行,时间安排在第三学年,共计 40 周,具体安排如下表:

实习科目	实习时间	学分
临床基础检验	10 周	10
临床生化检验	10 周	10
临床微生物检验	8 周	8
临床免疫学检验	6 周	6
血液学检验	6 周	6

三、实习内容与要求

(一)临床基础检验

1. 熟练掌握项目

技能一:血液样本采集和血涂片的制备

技能二:红细胞检查

技能三:白细胞检查

技能四:血小板检查

技能五:血液分析仪的临床应用

技能六:血栓与止血一般检验

技能七:尿液标本的采集与处理

技能八:尿液理学和化学检查

技能九:尿液沉渣显微镜检查

技能十:尿液有形成分仪器分析

技能十一:脑脊液检验

技能十二:浆膜腔积液检验

技能十三：粪便检验

技能十四：精液检查

技能十五：前列腺液检查

技能十六：阴道分泌物检查

技能十七：痰液检查

技能十八：羊水检查

2. 基本掌握项目

（1）血细胞计数仪的质控，血液成分的制备。

（2）尿液化学测定的手工操作方法，尿液质控。

3. 一般了解项目

外周血涂片异常血细胞的形态，尿液红细胞的形态，体液脱落细胞的形态。

（二）临床生化检验

1. 熟练掌握项目

技能一：微量元素检测

技能二：肾功能全项检测

技能三：肝功能全项检测

技能四：胰腺炎症检测

技能五：心肌酶谱

技能六：血脂全项

技能七：血糖检测

技能八：血清蛋白、尿蛋白、脑脊液蛋白电泳

技能九：口服葡萄糖耐量试验

技能十：糖化血红蛋白检测

技能十一：性腺六项检测

技能十二：甲状腺功能检查

技能十三：全自动生化分析仪使用

2. 基本掌握项目

（1）血气分析仪的分析原理和操作方法。

（2）生化检测项目的方法学评价。

（3）生化室内质控方法。

3. 一般了解项目

（1）分光光度计的原理和操作。

（2）试剂盒性能评价。

（三）临床微生物检验

1. 熟练掌握项目

技能一：尿液标本细菌培养，鉴定＋药敏试验

技能二：粪便标本细菌培养，鉴定＋药敏试验

技能三：伤口分泌物或脓液标本细菌培养，鉴定＋药敏试验

技能四：体液标本细菌培养，鉴定＋药敏试验

技能五：痰液标本细菌培养，鉴定＋药敏试验

技能六：呼吸道、咽拭子标本细菌培养，鉴定＋药敏试验

技能七：淋球菌培养，鉴定＋药敏试验

技能八：念珠菌分离培养，鉴定＋药敏试验

技能九：支原体培养，鉴定＋药敏试验

技能十：衣原体快速鉴定

技能十一：涂片找真菌

技能十二：革兰染色找细菌

技能十三：抗酸染色

技能十四：涂片找革兰阴性双球菌

技能十五：涂片线索细胞检查、乳酸杆菌

技能十六：血液需氧菌、真菌培养及鉴定＋药敏试验

技能十七：成人血液厌氧菌培养

2. 基本掌握项目

非发酵菌的鉴定，常见厌氧菌的检验，螺旋体、白念珠

菌及新型隐球菌的检验。

3. 一般了解项目

麻风分枝杆菌、布鲁菌属细菌学检验的室内质控。

（四）临床免疫学检验

1. 熟悉掌握项目

技能一：肿瘤检查

技能二：肿瘤标志物

技能三：胰岛功能检查

技能四：心血管（高血压）检查

技能五：致畸（优生）检查

技能六：乙肝五项定量

技能七：肝纤检查

技能八：肝炎常规检查

技能九：免疫三项

技能十：骨代谢检查

技能十一：外斐试验

技能十二：β-HCG（总β人绒毛膜促性腺激素）检查

2. 基本掌握项目

（1）免疫印迹法、放射免疫分析、化学发光技术。

（2）免疫金技术（测HCG）。

（3）单个核细胞分离技术、冷凝集试验、PCR技术。

3. 一般了解项目

（1）细胞因子检测。

（2）HLA分型。

（3）实习单位新引进的仪器和新开展的项目。

（五）血液学检验

1. 熟练掌握项目

技能一：红细胞包涵体

技能二：热溶血试验

技能三：红细胞渗透脆性试验

技能四：异丙醇试验

技能五：酸溶血试验

技能六：蔗糖溶血试验

技能七：骨髓分析

技能八：尿畸形红细胞计数

2. 基本掌握项目

骨髓片诊断：巨幼细胞贫血（MA），溶血性贫血（HA），急性粒-单核细胞型白血病（M4），慢性淋巴细胞白血病（慢淋）（CLL），脾功能亢进（脾亢）等。

3. 一般了解项目

骨髓片检查：恶性组织增生症，骨髓转移癌，慢性中性粒细胞白血病，幼淋巴细胞白血病，成人T细胞白血病，嗜酸性（嗜碱性）粒细胞白血病，原发性血小板增多症等。

注：以上所定各科室的实习内容，各实习医院可根据医院开展的检验工作情况进行适当调整。

四、实习考核

（一）考核内容

临床实习考核是对医学生能否实现医学教育培养目标的评价，即对每个学生政治、业务综合素质和能力的测试、评定。

实习考核包括：出科鉴定、出科理论考试、出科操作考试。

考核的主要内容有：基础理论与专业知识，检验技能操作，实习表现、学习态度、服务质量和组织纪律等。

（二）考核程序

1. 学生自我鉴定和总结

在本科室实习即将结束时，按照实习大纲及实习手册的要求，首先进行自我鉴定和总结。

2. 带教老师出科鉴定

由实习学生所在实习科室带教老师客观综合评价实习学生对本专业应了解和必须掌握的处理临床检验工作的各种能力做出科鉴定。鉴定结果填入实习手册中的《出科考核表》，科室负责人审核、签名。

3. 出科考核

由实习科室组织实习集中考试，安排在出科前一周内进行，主要采取笔试方式，也可采取口试方式进行。成绩由实习科室评定，教学主任或秘书签名或盖章。

出科考核成绩记入学生毕业实习手册中的《出科考核表》。

4. 毕业考核

由顶岗实习成绩综合鉴定和毕业考试两部分组成。

（三）考核评定方法及标准

1. 学生自我鉴定和总结

（1）鉴定方法：由实习带教老师根据平时观察了解所掌握的学生学习、工作和思想情况等认真地逐项填写评语及记分，按百分制计算。评价指标共五项，包括医德医风、检验技能基本知识、检验技能操作、工作学习态度、组织纪律。每项为20分，优18～20、良16～17、中14～15、及格12～13、不及格0～11分，总分不满60分者为该科出科鉴定不及格。

（2）评分标准

1）医德医风：品行端正，能体现人民医生为人民的宗旨，切忌有损于患者身心健康的言行，严禁因自己的实习工作加重患者痛苦与病情的一切行为；体贴患者、对患者一视同仁，不以职谋私，不索收物品及接受馈赠；树立一丝不苟的医疗工作作风，服装整洁，举止庄重；为人作风正派，尊敬师长，团结群众，能正确处理与医护人员、带教老师及患者的关系。

2）检验技能基本知识：在临床学习过程中，认真学习检验技能相关的基本知识，熟练掌握仪器的操作规程、仪器的原理、检验项目的基本原理，积极学习临床案例，能够将检验技能与临床病例相结合，对病史、检查结果、病情变化和诊治过程的综合分析，在诊断、进一步检查及治疗上能提出自己的见解。

3）检验技能操作：主动学习基本操作技术，能严格按操作规程进行检验技术操作，步骤、方法正确熟练，操作细心谨慎；在熟练掌握检验技能操作过程中要认真观察带教老师的技能手法，出现问题及时处理，有一定的理论联系实际的综合分析能力，在医疗工作中有独立工作的能力，回答问题简练、正确、完整。

4）工作学习态度：服务态度好，工作学习积极主动，能按时完成各项医学检验学习任务，主动参加医学检验工作，责任心强；虚心好学、刻苦钻研业务，学习基本理论、基本技能及基本操作肯下功夫，能做到理论联系实际地实习，在实习期间能参阅有关文献资料。

5）组织纪律：能认真遵守学习和教学医院的各项规章制度，遵纪守法；服从管理，能按实习大纲和实习手册来规范自己实习期间的言行举止；组织观念强，无迟到、早退及旷实习等现象，能遵守实习期间的请假规定。

（3）评定等级

① 优：能全面达到上述要求，在实习期间表现突出并得

到带教老师及科室医护人员好评者。

② 良：较好地达到上述要求，没有不良现象反映者。

③ 中：基本能达到上述要求，没有不良现象反映者。

④ 及格：基本能达到上述要求，有轻微违纪行为，但经教育有改正表现者。

⑤ 不及格：未能达到上述要求或有违纪行为，经教育无效者。

（4）评分要求：各教学科室带教老师评价记分时，必须全面考虑、实事求是、从严掌握、力求公正、能真正反映实习学生的实习情况；同一科室者最好彼此间加以纵横比较，必须防止趋中倾向，不要回避最高分和最低分。

实习学生在一个学科缺实习时间达三分之一者，不准参加出科成绩评定，待补实习后再参加评定。

补实习学生要向教学和学生管理部门说明原因，经其批准，待全部实习结束后方可安排补实习。

2. 出科考核

出科考核可采取检验技能操作、实践操作或理论测试相结合，主要采取笔试方式，也可采取口试方式进行，考查实习学生的思维分析和语言表达能力，内容有检验技能操作基本知识、基本技能、提问回答等。成绩由实习科室评定，教学主任或秘书签名或盖章。

3. 毕业考核

（1）顶岗实习综合鉴定成绩由专业带头人、辅导员结合学生顶岗实习期间的出科成绩以及日常表现对学生做出综合评价，并给予成绩；有一科及以上无出科成绩者或实习期间有严重违反实习管理规定者，视为不及格。

（2）毕业考试由药学检验系统一组织，学生顶岗实习综合鉴定成绩不合格者，不准参加毕业考试。

实习手册

一、教学实习医院工作职责

1. 根据实习计划安排各科实习时间和轮转时间,向有关科室下达实习任务并提出实习要求。
2. 向学生介绍本院有关规章制度和有关科室业务技术情况。
3. 指定各科一名领导负责该科实习工作。
4. 组织学生参加有关学术活动、专题讲座等。
5. 经常了解实习情况,及时解决实习中存在的问题。
6. 负责组织、评选本院优秀指导老师。
7. 定期向学校反映学生的实习情况。
8. 负责学生在院实习期间的管理。

二、实习科室领导和带教指导老师工作职责

1. 安排有一定医学理论水平和实践经验的老师负责带教,提出带教要求和落实措施。
2. 向学生介绍本科有关制度、人员、设备、技术专长、工作程序和注意事项。
3. 经常了解本科学生实习情况。
4. 有计划、有目的地给学生安排临床讲座,根据具体情况组织学生参加医院的相关学术活动。
5. 督促实习学生按时完成实习大纲规定的实习项目。
6. 指导实习学生进行基本临床诊疗技术操作,定期对实习学生进行必要的理论和操作技术考核。
7. 检查学生实习手册填写情况,发现问题,及时纠正。
8. 本科实习结束前,对所指导的实习学生做出实事求是的实习评语,并签字以示负责。

三、实习学生职责

1. 实习学生应按毕业实习大纲要求进行工作与学习。

2. 实习学生应遵守国家政策法令,遵守学校和医院的规章制度和工作纪律,认真履行实习职责,积极参加各项活动(政治学习、学术报告、义务劳动等)。

3. 实习学生应接受指导老师的指导,服从实习单位管理人员的安排、调遣,遵守所在地风俗和社会公德,不发生任何有损学校荣誉的事件和行为。

4. 实习学生对指导老师负责,进行医学服务工作,一切医疗活动需得到指导教师允许后才可实施。

5. 严格遵守作息制度,外出活动应结伴而行,注意交通安全,行为举止要文明礼貌,不得酗酒闹事、惹是生非,避免与他人发生冲突。

6. 必须遵守日常行为规范,不参与任何非法组织和宗教、社团等举办的与实习内容无关的活动、与学生身份不相称的活动。

7. 实习学生应遵守实习医院的作息制度,实习期间不放寒、暑假。除春节休假可根据医院等情况进行调休外,其他节假日一律不予调休、补休、积休。

8. 因病、因事不能参加实习时,必须办理请假手续,请假手续按学校有关规定办理。

9. 要妥善保管好自己的物品,做好防火防盗工作。

10. 学生实习期未满,不得擅离或调换实习单位。学生未经批准擅离、调换实习单位的,实习成绩为零分。

四、实习学生的请销假管理

1. 实习学生实习期间原则上不得请事假,因病或因特殊情况必须请假者，须先书面向实习队长申请，经签署意见后报批。

2. 实习学生请假 1 天以内由指导教师准假，2～3 天需经实习科室科主任批准，超过 3 天要经科主任签署意见后报医院科教部门批准，6 天以上须经医院同意后报学校相关系部及处室审批，学生处审核，学校主管领导批准。假期休满后必须到实习医院科教部门办理销假手续。如实习医院的请销假制度与学校规定有出入者，按实习医院要求执行。

3. 凡不请假（含未准假）离院者，一律按旷实习论处，旷实习一天按 6 个学时计算。旷实习者，将按学校学生管理规定的有关内容进行处理。

4. 因病或事假累计缺勤 1 个月以上者，毕业考试后需补实习，否则将不予毕业。

五、实习学生行为规范

守：遵守劳动纪律，坚守岗位，无特殊原因不准擅自旷工或长时间脱岗。

早：提前 15 分钟到工作岗位，做好准备工作。

洁：桌椅清洁，衣帽整洁，消毒隔离，无菌操作。

礼：接待患者态度和蔼，用语文明得体，避免生冷硬顶。

释：做到操作前向患者合理解释，操作中请患者配合事项，操作后向患者交代注意事项。

问：实习过程中主动寻求带教老师的指导，避免主观盲目操作。

准：准确、规范执行各项操作规程，准确书写各项文书及记录。

核：工作中严格执行查对制度。

学：随时加强理论和技能的学习，做到不懂就问，不会就学，掌握本学科最前沿的知识和技能。

静：工作时做到"四轻"，即说话轻、走路轻、操作轻、关门轻。

俭：正确使用器械，节省医疗用品，避免浪费。

诚：诚实守信，不欺骗，不说谎。

出 科 考 核 表

实习科室	
学生姓名		带教老师	
实习时间	年　月　日至　　年　月　日共　　周
缺席记录	

自我鉴定

（主要从医德医风、理论素养、操作技术、工作学习态度、组织纪律等方面阐述实习的收获及不足）

出科鉴定

考核项目	考核内容	满分	得分
医德医风	品行端正，树立一丝不苟的工作作风；为人正直，尊敬师长，能正确处理与其他医护人员、同学及患者的关系。切忌有损于患者身心健康的言行，体贴患者、对患者一视同仁，不以职谋私，不索收物品及接受馈赠	20	
理论素养	认真学习理论知识，熟练掌握各种操作规程；书写病历、报告或各种记录时，及时、正规、内容完整、准确、文字简练、清晰、有逻辑性，符合医疗文件记录要求；能够利用所学知识分析解决实际问题，对要求掌握病种的病史、检查结果、病情变化、诊治过程进行综合分析，做出正确的诊断、护理及处理	20	
操作技术	主动学习基本操作技术，操作细心谨慎、规范操作，操作前准备充分，操作后认真观察，并能及时发现和处理问题，能理论联系实际	20	
工作学习态度	服务态度好，工作学习积极主动，能按时完成各项学习任务，无差错事故，责任心强；虚心好学、刻苦钻研业务	20	
组织纪律	能认真遵守学校和教学医院的各项规章制度，遵纪守法，服从管理，组织观念强，无迟到、早退及旷实习等现象，能遵守实习期间的请假规定	20	
优：90~100分；良：80~89分；中：70~79分；及格：60~69分；不及格：≤59分	评价等级		合计

科室负责人签字： 　　　　　　　　　　　年　月　日

带教老师评语

带教老师签字：（印章）　　　　　　　　　　　　　年　月　日

出科考核

理论考试成绩：　　　　操作技术成绩：

综合成绩：

教学主任（秘书）签字：　　　　　　　　　　　　年　月　日

出 科 考 核 表

实习科室	
学生姓名	带教老师
实习时间	年　月　日至　年　月　日共　　周
缺席记录	

自我鉴定

（主要从医德医风、理论素养、操作技术、工作学习态度、组织纪律等方面阐述实习的收获及不足）

出科鉴定

考核项目	考核内容	满分	得分
医德医风	品行端正，树立一丝不苟的工作作风；为人正直，尊敬师长，能正确处理与其他医护人员、同学及患者的关系。切忌有损于患者身心健康的言行，体贴患者、对患者一视同仁，不以职谋私，不索收物品及接受馈赠	20	
理论素养	认真学习理论知识，熟练掌握各种操作规程；书写病历、报告或各种记录时，及时、正规、内容完整、准确、文字简练、清晰、有逻辑性，符合医疗文件记录要求；能够利用所学知识分析解决实际问题，对要求掌握病种的病史、检查结果、病情变化、诊治过程进行综合分析，做出正确的诊断、护理及处理	20	
操作技术	主动学习基本操作技术，操作细心谨慎、规范操作，操作前准备充分，操作后认真观察，并能及时发现和处理问题，能理论联系实际	20	
工作学习态度	服务态度好，工作学习积极主动，能按时完成各项学习任务，无差错事故，责任心强；虚心好学、刻苦钻研业务	20	
组织纪律	能认真遵守学校和教学医院的各项规章制度，遵纪守法，服从管理，组织观念强，无迟到、早退及旷实习等现象，能遵守实习期间的请假规定	20	
优：90~100分；良：80~89分；中：70~79分；及格：60~69分；不及格：≤59分		评价等级	合计

科室负责人签字：　　　　　　　　　　　　　　　　　　年　月　日

带教老师评语

带教老师签字：（印章）　　　　　　　　　　　　　　年　月　日

出科考核

理论考试成绩：　　　　　操作技术成绩：

综合成绩：

教学主任（秘书）签字：　　　　　　　　　　　　　　年　月　日

出 科 考 核 表

实习科室	
学生姓名	带教老师
实习时间	年 月 日至 年 月 日共 周
缺席记录	

自我鉴定

（主要从医德医风、理论素养、操作技术、工作学习态度、组织纪律等方面阐述实习的收获及不足）

出科鉴定

考核项目	考核内容	满分	得分
医德医风	品行端正，树立一丝不苟的工作作风；为人正直，尊敬师长，能正确处理与其他医护人员、同学及患者的关系。切忌有损于患者身心健康的言行，体贴患者、对患者一视同仁，不以职谋私，不索收物品及接受馈赠	20	
理论素养	认真学习理论知识，熟练掌握各种操作规程；书写病历、报告或各种记录时，及时、正规、内容完整、准确、文字简练、清晰、有逻辑性，符合医疗文件记录要求；能够利用所学知识分析解决实际问题，对要求掌握病种的病史、检查结果、病情变化、诊治过程进行综合分析，做出正确的诊断、护理及处理	20	
操作技术	主动学习基本操作技术，操作细心谨慎、规范操作，操作前准备充分，操作后认真观察，并能及时发现和处理问题，能理论联系实际	20	
工作学习态度	服务态度好，工作学习积极主动，能按时完成各项学习任务，无差错事故，责任心强；虚心好学、刻苦钻研业务	20	
组织纪律	能认真遵守学校和教学医院的各项规章制度，遵纪守法，服从管理，组织观念强，无迟到、早退及旷实习等现象，能遵守实习期间的请假规定	20	
优：90~100分；良：80~89分；中：70~79分；及格：60~69分；不及格：≤59分	评价等级	合计	

科室负责人签字： 年 月 日

带教老师评语

带教老师签字：（印章）　　　　　　　　　　　　年　月　日

出科考核

理论考试成绩：　　　　操作技术成绩：

综合成绩：

教学主任（秘书）签字：　　　　　　　　　　　年　月　日

出科考核表

实习科室	
学生姓名	带教老师
实习时间	年　月　日至　　年　月　日共　　周
缺席记录	

自我鉴定

（主要从医德医风、理论素养、操作技术、工作学习态度、组织纪律等方面阐述实习的收获及不足）

出科鉴定

考核项目	考核内容	满分	得分
医德医风	品行端正，树立一丝不苟的工作作风；为人正直，尊敬师长，能正确处理与其他医护人员、同学及患者的关系。切忌有损于患者身心健康的言行，体贴患者、对患者一视同仁，不以职谋私，不索收物品及接受馈赠	20	
理论素养	认真学习理论知识，熟练掌握各种操作规程；书写病历、报告或各种记录时，及时、正规、内容完整、准确、文字简练、清晰、有逻辑性，符合医疗文件记录要求；能够利用所学知识分析解决实际问题，对要求掌握病种的病史、检查结果、病情变化、诊治过程进行综合分析，做出正确的诊断、护理及处理	20	
操作技术	主动学习基本操作技术，操作细心谨慎、规范操作，操作前准备充分，操作后认真观察，并能及时发现和处理问题，能理论联系实际	20	
工作学习态度	服务态度好，工作学习积极主动，能按时完成各项学习任务，无差错事故，责任心强；虚心好学、刻苦钻研业务	20	
组织纪律	能认真遵守学校和教学医院的各项规章制度，遵纪守法，服从管理，组织观念强，无迟到、早退及旷实习等现象，能遵守实习期间的请假规定	20	
优：90~100分；良：80~89分；中：70~79分；及格：60~69分；不及格：≤59分	评价等级	合计	

科室负责人签字：　　　　　　　　　　　　　　　年　月　日

带教老师评语

带教老师签字：（印章）　　　　　　　　　　　　　　年　月　日

出科考核

理论考试成绩：　　　　　操作技术成绩：

综合成绩：

教学主任（秘书）签字：　　　　　　　　　　　　　　年　月　日

出科考核表

实习科室	
学生姓名	带教老师
实习时间	年　月　日至　年　月　日共　周
缺席记录	

自我鉴定

（主要从医德医风、理论素养、操作技术、工作学习态度、组织纪律等方面阐述实习的收获及不足）

出科鉴定

考核项目	考核内容	满分	得分
医德医风	品行端正，树立一丝不苟的工作作风；为人正直，尊敬师长，能正确处理与其他医护人员、同学及患者的关系。切忌有损于患者身心健康的言行，体贴患者、对患者一视同仁，不以职谋私，不索收物品及接受馈赠	20	
理论素养	认真学习理论知识，熟练掌握各种操作规程；书写病历、报告或各种记录时，及时、正规、内容完整、准确、文字简练、清晰、有逻辑性，符合医疗文件记录要求；能够利用所学知识分析解决实际问题，对要求掌握病种的病史、检查结果、病情变化、诊治过程进行综合分析，做出正确的诊断、护理及处理	20	
操作技术	主动学习基本操作技术，操作细心谨慎、规范操作，操作前准备充分，操作后认真观察，并能及时发现和处理问题，能理论联系实际	20	
工作学习态度	服务态度好，工作学习积极主动，能按时完成各项学习任务，无差错事故，责任心强；虚心好学、刻苦钻研业务	20	
组织纪律	能认真遵守学校和教学医院的各项规章制度，遵纪守法，服从管理，组织观念强，无迟到、早退及旷实习等现象，能遵守实习期间的请假规定	20	
优：90~100分；良：80~89分；中：70~79分；及格：60~69分；不及格：≤59分	评价等级		合计

科室负责人签字：　　　　　　　　　　　　　　　年　月　日

带教老师评语

带教老师签字：（印章）　　　　　　　　　　　　　　年　月　日

出科考核

理论考试成绩：　　　　　操作技术成绩：

综合成绩：

教学主任（秘书）签字：　　　　　　　　　　　　　年　月　日

出科考核表

实习科室	
学生姓名	带教老师
实习时间	年　月　日至　　年　月　日共　　周
缺席记录	

自我鉴定

（主要从医德医风、理论素养、操作技术、工作学习态度、组织纪律等方面阐述实习的收获及不足）

出科鉴定

考核项目	考核内容	满分	得分
医德医风	品行端正,树立一丝不苟的工作作风;为人正直,尊敬师长,能正确处理与其他医护人员、同学及患者的关系。切忌有损于患者身心健康的言行,体贴患者、对患者一视同仁,不以职谋私,不索收物品及接受馈赠	20	
理论素养	认真学习理论知识,熟练掌握各种操作规程;书写病历、报告或各种记录时,及时、正规、内容完整、准确、文字简练、清晰、有逻辑性,符合医疗文件记录要求;能够利用所学知识分析解决实际问题,对要求掌握病种的病史、检查结果、病情变化、诊治过程进行综合分析,做出正确的诊断、护理及处理	20	
操作技术	主动学习基本操作技术,操作细心谨慎、规范操作,操作前准备充分,操作后认真观察,并能及时发现和处理问题,能理论联系实际	20	
工作学习态度	服务态度好,工作学习积极主动,能按时完成各项学习任务,无差错事故,责任心强;虚心好学、刻苦钻研业务	20	
组织纪律	能认真遵守学校和教学医院的各项规章制度,遵纪守法,服从管理,组织观念强,无迟到、早退及旷实习等现象,能遵守实习期间的请假规定	20	
优:90~100分;良:80~89分;中:70~79分;及格:60~69分;不及格:≤59分	评价等级		合计

科室负责人签字:　　　　　　　　　　　　　年　月　日

带教老师评语

带教老师签字：（印章）　　　　　　　　　　　　　　年　月　日

出科考核

理论考试成绩：　　　　操作技术成绩：

综合成绩：

教学主任（秘书）签字：　　　　　　　　　　　　　年　月　日

出科考核表

实习科室	
学生姓名	带教老师
实习时间	年　月　日至　　年　月　日共　　周
缺席记录	

自我鉴定

（主要从医德医风、理论素养、操作技术、工作学习态度、组织纪律等方面阐述实习的收获及不足）

出科鉴定

考核项目	考核内容	满分	得分
医德医风	品行端正，树立一丝不苟的工作作风；为人正直，尊敬师长，能正确处理与其他医护人员、同学及患者的关系。切忌有损于患者身心健康的言行，体贴患者、对患者一视同仁，不以职谋私，不索收物品及接受馈赠	20	
理论素养	认真学习理论知识，熟练掌握各种操作规程；书写病历、报告或各种记录时，及时、正规、内容完整、准确、文字简练、清晰、有逻辑性，符合医疗文件记录要求；能够利用所学知识分析解决实际问题，对要求掌握病种的病史、检查结果、病情变化、诊治过程进行综合分析，做出正确的诊断、护理及处理	20	
操作技术	主动学习基本操作技术，操作细心谨慎、规范操作，操作前准备充分，操作后认真观察，并能及时发现和处理问题，能理论联系实际	20	
工作学习态度	服务态度好，工作学习积极主动，能按时完成各项学习任务，无差错事故，责任心强；虚心好学、刻苦钻研业务	20	
组织纪律	能认真遵守学校和教学医院的各项规章制度，遵纪守法，服从管理，组织观念强，无迟到、早退及旷实习等现象，能遵守实习期间的请假规定	20	
优：90~100分；良：80~89分；中：70~79分；及格：60~69分；不及格：≤59分	评价等级	合计	

科室负责人签字：　　　　　　　　　　　　　　　　　年　月　日

带教老师评语

带教老师签字：（印章）　　　　　　　　　　年　月　日

出科考核

理论考试成绩：　　　　操作技术成绩：

综合成绩：

教学主任（秘书）签字：　　　　　　　　　　年　月　日

出科考核表

实习科室	
学生姓名	带教老师
实习时间	年　月　日至　　年　月　日共　　周
缺席记录	

自我鉴定

（主要从医德医风、理论素养、操作技术、工作学习态度、组织纪律等方面阐述实习的收获及不足）

出科鉴定

考核项目	考核内容	满分	得分
医德医风	品行端正，树立一丝不苟的工作作风；为人正直，尊敬师长，能正确处理与其他医护人员、同学及患者的关系。切忌有损于患者身心健康的言行，体贴患者、对患者一视同仁，不以职谋私，不索收物品及接受馈赠	20	
理论素养	认真学习理论知识，熟练掌握各种操作规程；书写病历、报告或各种记录时，及时、正规、内容完整、准确、文字简练、清晰、有逻辑性，符合医疗文件记录要求；能够利用所学知识分析解决实际问题，对要求掌握病种的病史、检查结果、病情变化、诊治过程进行综合分析，做出正确的诊断、护理及处理	20	
操作技术	主动学习基本操作技术，操作细心谨慎、规范操作，操作前准备充分，操作后认真观察，并能及时发现和处理问题，能理论联系实际	20	
工作学习态度	服务态度好，工作学习积极主动，能按时完成各项学习任务，无差错事故，责任心强；虚心好学、刻苦钻研业务	20	
组织纪律	能认真遵守学校和教学医院的各项规章制度，遵纪守法，服从管理，组织观念强，无迟到、早退及旷实习等现象，能遵守实习期间的请假规定	20	
优：90~100分；良：80~89分；中：70~79分；及格：60~69分；不及格：≤59分		评价等级	合计

科室负责人签字：　　　　　　　　　　　　年　月　日

带教老师评语

带教老师签字：（印章）　　　　　　　　　　　　　年　月　日

出科考核

理论考试成绩：　　　　操作技术成绩：

综合成绩：

教学主任（秘书）签字：　　　　　　　　　　　　　年　月　日

出科考核表

实习科室			
学生姓名		带教老师	
实习时间	年　月　日至　　年　月　日共　　周		
缺席记录			

自我鉴定

（主要从医德医风、理论素养、操作技术、工作学习态度、组织纪律等方面阐述实习的收获及不足）

出科鉴定

考核项目	考核内容	满分	得分
医德医风	品行端正,树立一丝不苟的工作作风;为人正直,尊敬师长,能正确处理与其他医护人员、同学及患者的关系。切忌有损于患者身心健康的言行,体贴患者、对患者一视同仁,不以职谋私,不索收物品及接受馈赠	20	
理论素养	认真学习理论知识,熟练掌握各种操作规程;书写病历、报告或各种记录时,及时、正规、内容完整、准确、文字简练、清晰、有逻辑性,符合医疗文件记录要求;能够利用所学知识分析解决实际问题,对要求掌握病种的病史、检查结果、病情变化、诊治过程进行综合分析,做出正确的诊断、护理及处理	20	
操作技术	主动学习基本操作技术,操作细心谨慎、规范操作,操作前准备充分,操作后认真观察,并能及时发现和处理问题,能理论联系实际	20	
工作学习态度	服务态度好,工作学习积极主动,能按时完成各项学习任务,无差错事故,责任心强;虚心好学、刻苦钻研业务	20	
组织纪律	能认真遵守学校和教学医院的各项规章制度,遵纪守法,服从管理,组织观念强,无迟到、早退及旷实习等现象,能遵守实习期间的请假规定	20	
优:90~100分;良:80~89分;中:70~79分;及格:60~69分;不及格:≤59分	评价等级	合计	

科室负责人签字: 　　　　　　　　　　　　　年　月　日

带教老师评语
带教老师签字：（印章）　　　　　　　　　　　　年　月　日
出科考核
理论考试成绩：　　　　　操作技术成绩：
综合成绩：
教学主任（秘书）签字：　　　　　　　　　　　年　月　日

出 科 考 核 表

实习科室	
学生姓名	带教老师
实习时间	年　月　日至　　年　月　日共　　周
缺席记录	

自我鉴定

（主要从医德医风、理论素养、操作技术、工作学习态度、组织纪律等方面阐述实习的收获及不足）

出科鉴定

考核项目	考核内容	满分	得分
医德医风	品行端正，树立一丝不苟的工作作风；为人正直，尊敬师长，能正确处理与其他医护人员、同学及患者的关系。切忌有损于患者身心健康的言行，体贴患者、对患者一视同仁，不以职谋私，不索收物品及接受馈赠	20	
理论素养	认真学习理论知识，熟练掌握各种操作规程；书写病历、报告或各种记录时，及时、正规、内容完整、准确、文字简练、清晰、有逻辑性，符合医疗文件记录要求；能够利用所学知识分析解决实际问题，对要求掌握病种的病史、检查结果、病情变化、诊治过程进行综合分析，做出正确的诊断、护理及处理	20	
操作技术	主动学习基本操作技术，操作细心谨慎、规范操作，操作前准备充分，操作后认真观察，并能及时发现和处理问题，能理论联系实际	20	
工作学习态度	服务态度好，工作学习积极主动，能按时完成各项学习任务，无差错事故，责任心强；虚心好学、刻苦钻研业务	20	
组织纪律	能认真遵守学校和教学医院的各项规章制度，遵纪守法，服从管理，组织观念强，无迟到、早退及旷实习等现象，能遵守实习期间的请假规定	20	
优：90~100分；良：80~89分；中：70~79分；及格：60~69分；不及格：≤59分	评价等级		合计

科室负责人签字：　　　　　　　　　　　　　　　　年　月　日

带教老师评语

带教老师签字：（印章）　　　　　　　　　　　　　年　月　日

出科考核

理论考试成绩：　　　　　操作技术成绩：

综合成绩：

教学主任（秘书）签字：　　　　　　　　　　　　年　月　日

出 科 考 核 表

实习科室	
学生姓名	带教老师
实习时间	年 月 日至 年 月 日共 周
缺席记录	

自我鉴定

（主要从医德医风、理论素养、操作技术、工作学习态度、组织纪律等方面阐述实习的收获及不足）

出科鉴定

考核项目	考核内容	满分	得分
医德医风	品行端正，树立一丝不苟的工作作风；为人正直，尊敬师长，能正确处理与其他医护人员、同学及患者的关系。切忌有损于患者身心健康的言行，体贴患者、对患者一视同仁，不以职谋私，不索收物品及接受馈赠	20	
理论素养	认真学习理论知识，熟练掌握各种操作规程；书写病历、报告或各种记录时，及时、正规、内容完整、准确、文字简练、清晰、有逻辑性，符合医疗文件记录要求；能够利用所学知识分析解决实际问题，对要求掌握病种的病史、检查结果、病情变化、诊治过程进行综合分析，做出正确的诊断、护理及处理	20	
操作技术	主动学习基本操作技术，操作细心谨慎、规范操作，操作前准备充分，操作后认真观察，并能及时发现和处理问题，能理论联系实际	20	
工作学习态度	服务态度好，工作学习积极主动，能按时完成各项学习任务，无差错事故，责任心强；虚心好学、刻苦钻研业务	20	
组织纪律	能认真遵守学校和教学医院的各项规章制度，遵纪守法，服从管理，组织观念强，无迟到、早退及旷实习等现象，能遵守实习期间的请假规定	20	
优：90~100分；良：80~89分；中：70~79分；及格：60~69分；不及格：≤59分	评价等级	合计	

科室负责人签字：　　　　　　　　　　　　　年　月　日

带教老师评语

带教老师签字：（印章）　　　　　　　　　　　　　　　　年　月　日

出科考核

理论考试成绩：　　　　　操作技术成绩：

综合成绩：

教学主任（秘书）签字：　　　　　　　　　　　　　　　　年　月　日

出科考核表

实习科室	
学生姓名	带教老师
实习时间	年　月　日至　　年　月　日共　　周
缺席记录	

自我鉴定

（主要从医德医风、理论素养、操作技术、工作学习态度、组织纪律等方面阐述实习的收获及不足）

出科鉴定

考核项目	考核内容	满分	得分
医德医风	品行端正，树立一丝不苟的工作作风；为人正直，尊敬师长，能正确处理与其他医护人员、同学及患者的关系。切忌有损于患者身心健康的言行，体贴患者、对患者一视同仁，不以职谋私，不索收物品及接受馈赠	20	
理论素养	认真学习理论知识，熟练掌握各种操作规程；书写病历、报告或各种记录时，及时、正规、内容完整、准确、文字简练、清晰、有逻辑性，符合医疗文件记录要求；能够利用所学知识分析解决实际问题，对要求掌握病种的病史、检查结果、病情变化、诊治过程进行综合分析，做出正确的诊断、护理及处理	20	
操作技术	主动学习基本操作技术，操作细心谨慎、规范操作，操作前准备充分，操作后认真观察，并能及时发现和处理问题，能理论联系实际	20	
工作学习态度	服务态度好，工作学习积极主动，能按时完成各项学习任务，无差错事故，责任心强；虚心好学、刻苦钻研业务	20	
组织纪律	能认真遵守学校和教学医院的各项规章制度，遵纪守法，服从管理，组织观念强，无迟到、早退及旷实习等现象，能遵守实习期间的请假规定	20	
优：90～100分；良：80～89分；中：70～79分；及格：60～69分；不及格：≤59分	评价等级	合计	

科室负责人签字： 　　　　　　　　　　　　　　年　月　日

带教老师评语

带教老师签字：（印章）　　　　　　　　　　　　　　年　月　日

出科考核

理论考试成绩：　　　　　操作技术成绩：

综合成绩：

教学主任（秘书）签字：　　　　　　　　　　　　　年　月　日

出 科 考 核 表

实习科室	
学生姓名	带教老师
实习时间	年　月　日至　　年　月　日共　　周
缺席记录	

自我鉴定

（主要从医德医风、理论素养、操作技术、工作学习态度、组织纪律等方面阐述实习的收获及不足）

出科鉴定

考核项目	考核内容	满分	得分
医德医风	品行端正,树立一丝不苟的工作作风;为人正直,尊敬师长,能正确处理与其他医护人员、同学及患者的关系。切忌有损于患者身心健康的言行,体贴患者、对患者一视同仁,不以职谋私,不索收物品及接受馈赠	20	
理论素养	认真学习理论知识,熟练掌握各种操作规程;书写病历、报告或各种记录时,及时、正规、内容完整、准确、文字简练、清晰、有逻辑性,符合医疗文件记录要求;能够利用所学知识分析解决实际问题,对要求掌握病种的病史、检查结果、病情变化、诊治过程进行综合分析,做出正确的诊断、护理及处理	20	
操作技术	主动学习基本操作技术,操作细心谨慎、规范操作,操作前准备充分,操作后认真观察,并能及时发现和处理问题,能理论联系实际	20	
工作学习态度	服务态度好,工作学习积极主动,能按时完成各项学习任务,无差错事故,责任心强;虚心好学、刻苦钻研业务	20	
组织纪律	能认真遵守学校和教学医院的各项规章制度,遵纪守法,服从管理,组织观念强,无迟到、早退及旷实习等现象,能遵守实习期间的请假规定	20	
优:90~100分;良:80~89分; 中:70~79分;及格:60~69分; 不及格:≤59分	评价等级		合计

科室负责人签字:　　　　　　　　　　　　　　　年　月　日

带教老师评语

带教老师签字：（印章）　　　　　　　　　　　　　　　年　月　日

出科考核

理论考试成绩：　　　　　操作技术成绩：

综合成绩：

教学主任（秘书）签字：　　　　　　　　　　　　　　年　月　日

出科考核表

实习科室	
学生姓名	带教老师
实习时间	年　月　日至　　年　月　日共　　周
缺席记录	

自我鉴定

（主要从医德医风、理论素养、操作技术、工作学习态度、组织纪律等方面阐述实习的收获及不足）

出科鉴定

考核项目	考核内容	满分	得分
医德医风	品行端正，树立一丝不苟的工作作风；为人正直、尊敬师长，能正确处理与其他医护人员、同学及患者的关系。切忌有损于患者身心健康的言行，体贴患者、对患者一视同仁，不以职谋私，不索收物品及接受馈赠	20	
理论素养	认真学习理论知识，熟练掌握各种操作规程；书写病历、报告或各种记录时，及时、正规、内容完整、准确、文字简练、清晰、有逻辑性，符合医疗文件记录要求；能够利用所学知识分析解决实际问题，对要求掌握病种的病史、检查结果、病情变化、诊治过程进行综合分析，做出正确的诊断、护理及处理	20	
操作技术	主动学习基本操作技术，操作细心谨慎、规范操作，操作前准备充分，操作后认真观察，并能及时发现和处理问题，能理论联系实际	20	
工作学习态度	服务态度好，工作学习积极主动，能按时完成各项学习任务，无差错事故，责任心强；虚心好学、刻苦钻研业务	20	
组织纪律	能认真遵守学校和教学医院的各项规章制度，遵纪守法，服从管理，组织观念强，无迟到、早退及旷实习等现象，能遵守实习期间的请假规定	20	
优：90～100分；良：80～89分；中：70～79分；及格：60～69分；不及格：≤59分		评价等级	合计

科室负责人签字：　　　　　　　　　　　　　　年　月　日

带教老师评语

带教老师签字：（印章）　　　　　　　　　　　　　年　月　日

出科考核

理论考试成绩：　　　　　操作技术成绩：

综合成绩：

教学主任（秘书）签字：　　　　　　　　　　　　　年　月　日

出 科 考 核 表

实习科室	
学生姓名		带教老师	
实习时间	年　月　日至　年　月　日共　　周
缺席记录	

自我鉴定

（主要从医德医风、理论素养、操作技术、工作学习态度、组织纪律等方面阐述实习的收获及不足）

出科鉴定

考核项目	考核内容	满分	得分
医德医风	品行端正,树立一丝不苟的工作作风;为人正直,尊敬师长,能正确处理与其他医护人员、同学及患者的关系。切忌有损于患者身心健康的言行,体贴患者、对患者一视同仁,不以职谋私,不索收物品及接受馈赠	20	
理论素养	认真学习理论知识,熟练掌握各种操作规程;书写病历、报告或各种记录时,及时、正规、内容完整、准确、文字简练、清晰、有逻辑性,符合医疗文件记录要求;能够利用所学知识分析解决实际问题,对要求掌握病种的病史、检查结果、病情变化、诊治过程进行综合分析,做出正确的诊断、护理及处理	20	
操作技术	主动学习基本操作技术,操作细心谨慎、规范操作,操作前准备充分,操作后认真观察,并能及时发现和处理问题,能理论联系实际	20	
工作学习态度	服务态度好,工作学习积极主动,能按时完成各项学习任务,无差错事故,责任心强;虚心好学、刻苦钻研业务	20	
组织纪律	能认真遵守学校和教学医院的各项规章制度,遵纪守法,服从管理,组织观念强,无迟到、早退及旷实习等现象,能遵守实习期间的请假规定	20	
优:90~100分;良:80~89分;中:70~79分;及格:60~69分;不及格:≤59分	评价等级	合计	

科室负责人签字: 　　　　　　　　　　　　　年　月　日

带教老师评语

带教老师签字：（印章）　　　　　　　　　　　　　　　年　月　日

出科考核

理论考试成绩：　　　　　操作技术成绩：

综合成绩：

教学主任（秘书）签字：　　　　　　　　　　　　　　年　月　日

出科考核表

实习科室	
学生姓名	带教老师
实习时间	年　月　日至　　年　月　日共　　周
缺席记录	

自我鉴定

（主要从医德医风、理论素养、操作技术、工作学习态度、组织纪律等方面阐述实习的收获及不足）

出科鉴定

考核项目	考核内容	满分	得分
医德医风	品行端正，树立一丝不苟的工作作风；为人正直，尊敬师长，能正确处理与其他医护人员、同学及患者的关系。切忌有损于患者身心健康的言行，体贴患者、对患者一视同仁，不以职谋私，不索收物品及接受馈赠	20	
理论素养	认真学习理论知识，熟练掌握各种操作规程；书写病历、报告或各种记录时，及时、正规、内容完整、准确、文字简练、清晰、有逻辑性，符合医疗文件记录要求；能够利用所学知识分析解决实际问题，对要求掌握病种的病史、检查结果、病情变化、诊治过程进行综合分析，做出正确的诊断、护理及处理	20	
操作技术	主动学习基本操作技术，操作细心谨慎、规范操作，操作前准备充分，操作后认真观察，并能及时发现和处理问题，能理论联系实际	20	
工作学习态度	服务态度好，工作学习积极主动，能按时完成各项学习任务，无差错事故，责任心强；虚心好学、刻苦钻研业务	20	
组织纪律	能认真遵守学校和教学医院的各项规章制度，遵纪守法，服从管理，组织观念强，无迟到、早退及旷实习等现象，能遵守实习期间的请假规定	20	
优：90~100分；良：80~89分；中：70~79分；及格：60~69分；不及格：≤59分		评价等级	合计

科室负责人签字：　　　　　　　　　　　　　　年　月　日

带教老师评语

带教老师签字：（印章）　　　　　　　　　　　　　　年　月　日

出科考核

理论考试成绩：　　　　　操作技术成绩：

综合成绩：

教学主任（秘书）签字：　　　　　　　　　　　　　年　月　日

出科考核表

实习科室			
学生姓名		带教老师	
实习时间	年　月　日至　　年　月　日共　　周		
缺席记录			

自我鉴定

（主要从医德医风、理论素养、操作技术、工作学习态度、组织纪律等方面阐述实习的收获及不足）

出科鉴定				
考核项目	考核内容		满分	得分
医德医风	品行端正,树立一丝不苟的工作作风;为人正直,尊敬师长,能正确处理与其他医护人员、同学及患者的关系。切忌有损于患者身心健康的言行,体贴患者、对患者一视同仁,不以职谋私,不索收物品及接受馈赠		20	
理论素养	认真学习理论知识,熟练掌握各种操作规程;书写病历、报告或各种记录时,及时、正规、内容完整、准确、文字简练、清晰、有逻辑性,符合医疗文件记录要求;能够利用所学知识分析解决实际问题,对要求掌握病种的病史、检查结果、病情变化、诊治过程进行综合分析,做出正确的诊断、护理及处理		20	
操作技术	主动学习基本操作技术,操作细心谨慎、规范操作,操作前准备充分,操作后认真观察,并能及时发现和处理问题,能理论联系实际		20	
工作学习态度	服务态度好,工作学习积极主动,能按时完成各项学习任务,无差错事故,责任心强;虚心好学、刻苦钻研业务		20	
组织纪律	能认真遵守学校和教学医院的各项规章制度,遵纪守法,服从管理,组织观念强,无迟到、早退及旷实习等现象,能遵守实习期间的请假规定		20	
优:90~100分;良:80~89分;中:70~79分;及格:60~69分;不及格:≤59分	评价等级		合计	

科室负责人签字: 年 月 日

带教老师评语

带教老师签字：（印章）　　　　　　　　　　　　　年　月　日

出科考核

理论考试成绩：　　　　　操作技术成绩：

综合成绩：

教学主任（秘书）签字：　　　　　　　　　　　　　年　月　日

出科考核表

实习科室	
学生姓名	带教老师
实习时间	年 月 日至 年 月 日共 周
缺席记录	

自我鉴定

（主要从医德医风、理论素养、操作技术、工作学习态度、组织纪律等方面阐述实习的收获及不足）

出科鉴定

考核项目	考核内容	满分	得分
医德医风	品行端正,树立一丝不苟的工作作风;为人正直,尊敬师长,能正确处理与其他医护人员、同学及患者的关系。切忌有损于患者身心健康的言行,体贴患者、对患者一视同仁,不以职谋私,不索收物品及接受馈赠	20	
理论素养	认真学习理论知识,熟练掌握各种操作规程;书写病历、报告或各种记录时,及时、正规、内容完整、准确、文字简练、清晰、有逻辑性,符合医疗文件记录要求;能够利用所学知识分析解决实际问题,对要求掌握病种的病史、检查结果、病情变化、诊治过程进行综合分析,做出正确的诊断、护理及处理	20	
操作技术	主动学习基本操作技术,操作细心谨慎、规范操作,操作前准备充分,操作后认真观察,并能及时发现和处理问题,能理论联系实际	20	
工作学习态度	服务态度好,工作学习积极主动,能按时完成各项学习任务,无差错事故,责任心强;虚心好学、刻苦钻研业务	20	
组织纪律	能认真遵守学校和教学医院的各项规章制度,遵纪守法,服从管理,组织观念强,无迟到、早退及旷实习等现象,能遵守实习期间的请假规定	20	
优:90~100分;良:80~89分;中:70~79分;及格:60~69分;不及格:≤59分	评价等级	合计	

科室负责人签字:　　　　　　　　　　　　　年　月　日

带教老师评语

带教老师签字：（印章）　　　　　　　　　　　年　月　日

出科考核

理论考试成绩：　　　　　操作技术成绩：

综合成绩：

教学主任（秘书）签字：　　　　　　　　　　年　月　日

出科考核表

实习科室	
学生姓名	带教老师
实习时间	年 月 日至 年 月 日共 周
缺席记录	

自我鉴定

（主要从医德医风、理论素养、操作技术、工作学习态度、组织纪律等方面阐述实习的收获及不足）

出科鉴定				
考核项目	考核内容		满分	得分
医德医风	品行端正，树立一丝不苟的工作作风；为人正直，尊敬师长，能正确处理与其他医护人员、同学及患者的关系。切忌有损于患者身心健康的言行，体贴患者、对患者一视同仁，不以职谋私，不索收物品及接受馈赠		20	
理论素养	认真学习理论知识，熟练掌握各种操作规程；书写病历、报告或各种记录时，及时、正规、内容完整、准确、文字简练、清晰、有逻辑性，符合医疗文件记录要求；能够利用所学知识分析解决实际问题，对要求掌握病种的病史、检查结果、病情变化、诊治过程进行综合分析，做出正确的诊断、护理及处理		20	
操作技术	主动学习基本操作技术，操作细心谨慎、规范操作，操作前准备充分，操作后认真观察，并能及时发现和处理问题，能理论联系实际		20	
工作学习态度	服务态度好，工作学习积极主动，能按时完成各项学习任务，无差错事故，责任心强；虚心好学、刻苦钻研业务		20	
组织纪律	能认真遵守学校和教学医院的各项规章制度，遵纪守法，服从管理，组织观念强，无迟到、早退及旷实习等现象，能遵守实习期间的请假规定		20	
优：90~100分；良：80~89分；中：70~79分；及格：60~69分；不及格：≤59分	评价等级		合计	

科室负责人签字：　　　　　　　　　　　　　　　　年　月　日

带教老师评语

带教老师签字：（印章） 　　　　　　　　　　　　　　年　月　日

出科考核

理论考试成绩：　　　　　操作技术成绩：

综合成绩：

教学主任（秘书）签字：　　　　　　　　　　　　　年　月　日

出科考核表

实习科室	
学生姓名	带教老师
实习时间	年　月　日至　　年　月　日共　　周
缺席记录	

自我鉴定

（主要从医德医风、理论素养、操作技术、工作学习态度、组织纪律等方面阐述实习的收获及不足）

出科鉴定

考核项目	考核内容	满分	得分
医德医风	品行端正，树立一丝不苟的工作作风；为人正直，尊敬师长，能正确处理与其他医护人员、同学及患者的关系。切忌有损于患者身心健康的言行，体贴患者、对患者一视同仁，不以职谋私，不索收物品及接受馈赠	20	
理论素养	认真学习理论知识，熟练掌握各种操作规程；书写病历、报告或各种记录时，及时、正规、内容完整、准确、文字简练、清晰、有逻辑性，符合医疗文件记录要求；能够利用所学知识分析解决实际问题，对要求掌握病种的病史、检查结果、病情变化、诊治过程进行综合分析，做出正确的诊断、护理及处理	20	
操作技术	主动学习基本操作技术，操作细心谨慎、规范操作，操作前准备充分，操作后认真观察，并能及时发现和处理问题，能理论联系实际	20	
工作学习态度	服务态度好，工作学习积极主动，能按时完成各项学习任务，无差错事故，责任心强；虚心好学、刻苦钻研业务	20	
组织纪律	能认真遵守学校和教学医院的各项规章制度，遵纪守法，服从管理，组织观念强，无迟到、早退及旷实习等现象，能遵守实习期间的请假规定	20	
优：90~100分；良：80~89分；中：70~79分；及格：60~69分；不及格：≤59分	评价等级	合计	

科室负责人签字：　　　　　　　　　　　　　　年　月　日

带教老师评语

带教老师签字：（印章）　　　　　　　　　　　　　　　年　月　日

出科考核

理论考试成绩：　　　　操作技术成绩：

综合成绩：

教学主任（秘书）签字：　　　　　　　　　　　　　　年　月　日

出科成绩汇总表

序号	实习科室	考核成绩	带教老师签字盖章
1			
2			
3			
4			
5			
6			
7			
8			
9			
10			
11			
12			
13			
14			
15			
	平均分		

实 习 总 结

（包括实习计划及大纲的完成情况；从思想品德、工作学习态度、专业知识及操作技能、组织纪律等方面实事求是、客观地进行总结）

本人签字：

　　　　　　　　　　　　　　　　　　　　年　月　日

毕业实习鉴定

实习医院意见	 领导签字（印章） 　　　　　　　　　　　　　　年　月　日
学校意见	
备注	

毕业实习工作管理办法

第一章 总则···252
第二章 毕业实习管理的组织机构·························252
第三章 毕业实习管理的职责·······························253
第四章 毕业实习的管理·····································256
第五章 附则···261

第一章 总　　则

第一条 毕业实习是医学院校培养学生重要的教学阶段，是医学生将理论知识与实践相结合、培养职业能力的重要实践教学环节之一。

第二条 在实习中，要继续加强对学生的爱国主义教育、专业思想教育、医德医风教育，使之遵纪守法，树立良好的医德和严谨的工作作风，全心全意为人民服务。

第三条 通过实习，巩固和提高医学基础理论、基本知识与基本技能，做到理论联系实际，掌握本专业临床技能，具有一定的分析、评价与解决临床问题的能力，为毕业后的工作打下坚实基础。

第二章　毕业实习管理的组织机构

第四条　组织机构

1. 毕业实习工作领导小组

组长：分管学生工作的副书记、教学副校长、分管安全和就业工作的校领导。

成员：学生处处长、教务处处长、招生就业处处长、系部书记、系部主任、安全保卫科科长。

毕业实习工作领导小组办公室设在教务处校企合作办公室。

2. 系部毕业实习管理小组

组长：系部书记、主任。

成员：学管秘书、辅导员、实习区域带队教师及医院或企业相关人员等。

第三章 毕业实习管理的职责

第五条 毕业实习工作领导小组职责

统筹和指导全校学生毕业实习工作。组织研究和审批学校实习管理制度，审批教学基地，审批全校学生毕业实习计划，审批区域实习管理教师人选，组织研究和解决实习中出现的重要问题。

第六条 教务处及校企合作办公室职责

1. 负责实习期间学生的技能培养。负责制定毕业实习课程标准，组织制定、审核全校各专业毕业实习教学计划、实习大纲、实习考核方案等。

2. 负责下达毕业实习任务，编制实习进程，制订、下达、审核实习计划。

3. 负责实习期间的教学管理。制订有关毕业实习教学管理的政策、规定和管理办法，对实习教学工作进行监控、监督，审批学生自主实习、转实习、重修实习等事宜，协调、处理毕业实习教学中重大问题等。

4. 负责学校与实习基地间的协调、沟通。协商和确定各基地接受毕业实习人数计划，与各实习基地签订实习协议，沟通学生实习教学情况，向医院通报学校处理意见等，并协调与促进系部与实习基地之间的关系。

5. 负责实习基地开拓。与系部和专业相互配合，制定实习基地建设规划、评估基地条件、拓展毕业实习基地。

6. 负责学校实习资料的存档。包括毕业实习管理文件、各专业毕业实习计划、毕业实习协议；毕业实习过程管理的相关材料（毕业实习检查情况记录表、系部毕业实习学生反馈统计分析表等）、各专业毕业实习成绩、学校及各系部专业毕业实习工作总结等。

7. 负责实习学生理论和技能考核。

8. 与学生处、系部相互配合，确定实习区域设置及管理教师配置。

第七条　学生处职责

1. 负责实习期间的学生特长、态度培养。

2. 负责实习期间的学生管理。出台有关实习学生管理、请销假制度、宿舍管理、优秀实习生评选等管理办法，对实习学生管理工作进行监控、监督，检查学生实习期间的生活、学习、安全、健康等情况，进行请销假管理，对违纪学生进行教育和处理，协调、处理毕业实习学生管理中重大问题。

3. 负责实习生选拔和分配。制订毕业实习选拔和安排政策，监督系部按规定落实实习计划，审查系部上报的实习安排。

4. 负责学生实习责任保险的组织工作。

5. 负责实习学生综合素质考评，并组织优秀实习生评选工作。

6. 负责相关材料的存档工作。

第八条　招生就业处职责

1. 负责为实习期间学生提供就业咨询与指导。

2. 协助实习期就业的学生，签订就业合同。

3. 协助审批学生因就业原因提出的转实习申请及学生因护理职业资格考试报名、专升本报名和考试、双选会等原因的请假申请。

第九条　安全保卫科职责

1. 负责出台有关实习学生安全的管理文件，如学生实习安全管理办法、突发事件应急预案等。

2. 负责拟定并和学生签订实习安全合同。

3. 负责组织毕业实习学生安全教育和培训。

4. 协调、处理毕业实习学生安全管理中重大问题。

第十条　系部毕业实习管理小组职责

1. 加强对本系部毕业实习工作的领导，加强实习过程管理，切实保证毕业实习的质量和效果，确保毕业实习安全、有序进行。

2. 负责组织召开本系部毕业实习前动员大会和岗前培训。

3. 负责学生日常管理。组织实习生到实习单位的报到和返校工作，建立学生实习档案库和信息反馈体系，使联系渠道畅通；定期进行实习教育，检查毕业实习情况，及时处理毕业实习中出现的有关问题，并定期向家长通报学生毕业实习情况。

4. 负责本系部实习资料的存档。包括学校及系部毕业实习管理文件、实习计划、毕业实习过程管理相关材料（学生毕业实习手册、毕业实习周志、毕业实习检查情况记录表、毕业实习学生反馈统计分析表、自主实习学生情况汇报表、实习队长情况汇报表等）、系部及专业实习工作总结等。

5. 协同教务处、学生处具体落实实习计划，进行实习生选拔和分配。

6. 协同教务处、学生处及实习基地做好实习生考核工作。

7. 协同教务处根据专业发展需求拓展、遴选毕业实习基地。

8. 协同学生处进行请销假管理，对违纪学生进行教育和处理。

第十一条　教学实习基地职责

学校在确定实习基地前，应与实习基地沟通，确定承担以下职责。

1. 负责学生在实习基地实习期间工作时间的管理，安排住宿的实习基地同时负责学生住宿管理。

2. 负责与学校共同组建实习工作小组，实习单位指定专门人员负责学生毕业实习工作。

3. 负责组织岗前培训，对学生进行院情介绍、纪律教育、安全教育、技能培训等。

4. 负责根据实习大纲要求对学生进行培养。

5. 建立实习指导教师制度，安排思想素质好、经验丰富、技术熟练的技术或管理人员担任实习指导教师。

6. 在学生毕业实习期间进行思想政治教育、职业安全教育、职业技能教育和职业道德教育。

7. 负责组织学生参加有关学术活动、专题讲座等。

8. 负责定期向学校反映学生的实习情况。

第四章　毕业实习的管理

第十二条　教学基地的建立

1. 教学基地的拓展由教务处校企合作办公室负责，系部及有关部门协同配合。教学基地应选择具有独立法人资格、依法经营、管理规范、规模较大、技术先进、有较高社会信誉或具有较高资质、等级的医院或企业，提供岗位与学生所学专业对口。

2. 实习基地的建立由系部根据专业发展需要向教务处提出申请，教务处组织有关部门共同进行审核，审核内容包括教学基地工作环境、生活环境及安全防护，学生实习岗位工作性质、工作内容、工作时间等方面。审核通过后报学校毕业实习领导小组审批。

第十三条 学校与实习单位合作

成立毕业实习管理小组，共同制订毕业实习计划，共同负责学生毕业实习的组织和管理。

第十四条 学生毕业实习安排

1. 凡我校在册学生进入毕业实习，均由教务处统一联系、安排实习单位。如有特殊情况需自主联系实习单位的学生，需填写自主实习审批单，经审批后方可自主联系实习单位。

2. 教务处根据实习学生人数和各实习基地与我校签订的实习计划数，结合专业情况，分配给各系部相应的实习安排计划，并通报学生处。

3. 各系部在学生处的统一安排、监督下按规定落实实习计划，进行实习具体安排，并填写实习计划落实表及汇总表上交学生处，学生处审核后交教务处，由教务处审核后公布。

4. 实习安排原则：在自愿报名的基础上，根据学生综合素质考核选派实习医院。除实习医院对学生有特殊要求外，综合素质考核优异的学生有优先选择实习医院的权利。学业成绩不合格的学生不予安排省外实习。

5. 学业成绩不合格的学生必须按时返校参加补考。补考不合格者停止毕业实习，合格后方可继续实习。

6. 凡不服从学校安排，未经学校同意，擅自变更实习单位者，学校将给予纪律处分，实习期间的一切费用及相关责任由学生自己承担，实习成绩按不合格处理。

7. 自主实习，学生因就业及其他特殊情况，需要自主实习的，经学校逐级审批后可自主联系实习单位，具体程序及要求如下。

（1）必须由学生本人和家长共同提出申请，提供实习单位同意接收该学生毕业实习的公函及实习协议，申请书上必须有家长签字及家长联系方式，并注明"实习期间所发生的医疗责任事故、财产损失、人身伤亡等责任由学生本人负责"。

（2）学生所联系的实习单位原则上应为二级甲等以上（含二级甲等）医院或县级医院。

（3）学生填写《自主联系实习医院审批单》。

（4）医院与学校、学生签订实习协议，同意按学校的实习管理规定和实习大纲要求执行实习教学带教工作任务，经学校批准后方可进行实习。

第十五条　实习前培训与实习资格考核

学生实习前，各系部要召开实习生的动员大会并进行岗前培训，与各部门共同进行思想政治教育、安全教育、职业技能教育和职业道德教育，进行实习前技能强化训练和考核等。

第十六条　转实习管理

1. 护理专业除极特殊情况外，不允许办理转实习。

2. 除护理专业外，学生毕业实习满 6 个月，在与就业单位签订毕业生合同制就业表后，所转实习单位专业对口，所在实习单位同意，可办理转实习手续。若所转实习单位专业不对口，在毕业实习时间满 8 个月后方可办理转实习手续。

3. 转实习审批手续如下：

（1）学生填写"实习学生转实习医院审批单"，在现实习医院审批同意的基础上，学生本人提出书面申请，申请书必须有家长签字及家长联系方式，并注明"实习期间所发生的医疗责任事故、财产损失、人身伤亡等责任由学生本人负责"。

（2）各系部审核学生转实习申请、转实习审批单和毕业生合同制就业表，并签署审批意见。

（3）招生就业处审核已签订的"毕业生合同就业表"，并在审批单上签署意见。

（4）学生处、教务处审核学生转实习审批单，审批同意后，由教务处与现实习医院交接，办理转实习手续。

4. 转实习单位的学生在新实习单位产生的实习费用由学生本人承担，原实习单位费用不予退还。

5. 未办理任何手续，私自转实习单位者一律按旷实习处理，情节严重者按有关校纪校规处理，直至取消当年毕业资格。

第十七条 实习教学检查

1. 实习期间，市内实习基地要求系部每 2 周组织 1 次实习教学检查，检查实习计划执行情况，协同医院组织学生临床实践考核或出科考核，召开指导老师座谈会和实习生座谈会等，同时协助实习单位处理实习生相关问题。可根据情况派驻实习管理教师，实习管理教师可与专业课教师临床实践相结合。

2. 实习期间，市外实习基地要求区域实习指导教师或校企合作委员会人员定期检查毕业实习情况，及时处理毕业实习中出现的有关问题。省内区域教师每月至少进行 1 次本区域实习单位检查,省外区域教师实习期间至少进行 2 次检查,有必要的区域可派驻实习教师,全程管理。

3. 建立学校、实习单位和学生家长定期信息通报制度。学校校企合作办公室每月至少和各教学医院通话或检查一次,系部辅导员通过电话等途径每月至少与学生沟通一次,并每月向家长通报学生毕业实习情况。

第十八条　毕业实习综合鉴定和实习手册

各科实习结束时,实习学生须认真填写"毕业实习综合成绩鉴定表"(见本部分后所附表格)、"实习周志"和"实习手册",实习结束后,由实习队长负责收齐,交科教科(医务科)或护理部,经实习单位领导审查、签署意见并加盖公章。回校后交辅导员,由辅导员统一到教务处盖章,实习综合鉴定和实习周志由教务处审核,由系部存档,实习手册盖章后交还实习生本人保管,以备护士证认证或医师证认证用。

第十九条　实习反馈和调查

1. 建立定期反馈制度。实习队长每两周填写一次"实习情况反馈表"上交系部,汇报实习进程,也可随时电话、短信、邮件等与辅导员联系。自主实习学生每月上报辅导员"毕业实习自主实习学生情况汇报表",汇报实习情况,小结每月的实习工作情况及实习生活、学习情况。

2. 辅导员审核实习队长、组长、自主联系实习学生上交的实习情况汇报,了解和处理实习中的业务和生活问题,并每月填写"大庆医学高等专科学校毕业实习学生反馈统计分析表",上交系部。系部综合本系辅导员统计分析情况,每月上报学生处及教务处。

3. 系部在实习结束后组织学生进行实习满意度调查。通过调查,了解实习生的临床实习表现和临床教学医院管理、带教以及学生对实习的满意度等情况,并进行总结,上交教务处存档。

第二十条　实习考核

实习考核是对实习学生实习情况的综合评价，是对每个学生的政治表现、业务综合素质和职业能力的测试、评定。具体考核见"学生毕业实习考核办法"。

第二十一条　实习安全管理

加强实习安全管理，强化学生安全意识，建立预案机制，具体见"毕业实习学生安全管理办法""毕业实习安全事故及突发事件应急预案"。

第五章　附　　则

第二十二条　本规定自公布之日起执行。

第二十三条　本规定由教务处负责解释。

附表：

自主联系实习医院审批单（样表）

实习学生转实习医院审批单（样表）

顶岗实习学生请假审批单（样表）

毕业实习检查情况记录表（样表）

毕业实习自主实习学生情况汇报表（样表）

毕业实习队长情况汇报表（样表）

毕业实习学生反馈统计分析表（样表）

毕业实习综合成绩鉴定表（样表）

自主联系实习医院审批单(样表)

姓名		专业及班级		学号	
住址				手机	
自主实习原因				家长签字	
自主实习医院名称		医院级别		医院电话	

辅导员意见: 签字: 　　　　　　年　月　日	系部意见: 主管领导签字: 　　　　　　年　月　日
教务处意见: 主管领导签字: 　　　　　　年　月　日	自主联系实习医院意见: 主管领导签字: 　　　　　　年　月　日
备注	

此表一式三份,辅导员、系部、实习医院各一份备存。

实习学生转实习医院审批单(样表)

姓名		专业 班级		学号	
住址				手机	
转实习 医院原因					
现实习 医院名称			已实习 科室		
已实习 时间	年 月 日—年 月 日 共 月				
拟转实习 医院名称			拟转实习 医院意见	年 月 日	
辅导员意见: 签字: 年 月 日			系部意见: 主管领导签字: 年 月 日		
教务处意见: 主管领导签字: 年 月 日			现实习医院: 主管领导签字: 年 月 日		
备注					

此表一式三份,辅导员、系部、现实习医院各一份备存。

顶岗实习学生请假审批单(样表)

姓名		班级		学号	
住址				手机	
医院				科室	
原因					
日期	自20　年　月　日至　20　年　月　日				
科室意见	主管领导签字： 　　　　　　　　　　　　　　　年　月　日				
辅导员意见： 签字： 　　　　　　年　月　日			系部意见： 主管领导签字： 　　　　　　年　月　日		
学生处意见： 主管领导签字： 　　　　　　年　月　日			教务处意见： 领导签字： 　　　　　　年　月　日		
医院护理部意见	主管领导签字：　　　　　　　　　　（盖章） 　　　　　　　　　　　　　　　年　月　日				

此表一式三份，辅导员、系部、实习医院各一份备存。

毕业实习检查情况记录表（样表）

检查人		检查时间	
检查医院			
检查内容	检查或与实习基地联系情况	包括学生的实习表现、理论知识、临床技能、纪律、素质等	
检查内容	检查或与学生联系情况	包括医院情况、带教管理情况、留用机会等，学生实习情况、出勤、思想状况等	
处理情况			

检查人签名：　　　　填表日期：　　　年　月　日

毕业实习自主实习学生情况汇报表（样表）

学生姓名		班级		汇报日期	
实习单位		实习管理部门电话			
实习科室		指导教师及电话			
反馈内容（实习基本情况及存在问题等）	包括上一阶段实习总结，本阶段实习科室情况、学习情况和存在问题				

毕业实习队长情况汇报表（样表）

队长姓名		班级		汇报日期	
实习单位			实习管理部门电话		
实习专业及人数					
反馈内容	包括医院带教管理情况、留用机会、学生实习轮转、出勤情况、思想状况、存在问题、突发事件情况说明等				

毕业实习学生反馈统计分析表（样表）

分析人			统计时间	
统计范围				
统计内容	队长反馈情况分析	对__处基地实习队长__月__日~__月__日__份汇报统计分析		
	自主学生反馈分析	对__处基__名自主实习学生__月__日~__月__日__份汇报统计分析		
问题处理				

统计人签名：　　　填表日期：　年　月　日

毕业实习综合成绩鉴定表（样表）

姓名		专业班级				学号		
实习医院名称								
实习科室		实习时间		实习成绩		带教老师签字		年　月　日
实习科室		实习时间		实习成绩		带教老师签字		年　月　日
实习科室		实习时间		实习成绩		带教老师签字		年　月　日
实习科室		实习时间		实习成绩		带教老师签字		年　月　日
实习科室		实习时间		实习成绩		带教老师签字		年　月　日
实习科室		实习时间		实习成绩		带教老师签字		年　月　日
实习科室		实习时间		实习成绩		带教老师签字		年　月　日
实习科室		实习时间		实习成绩		带教老师签字		年　月　日
实习科室		实习时间		实习成绩		带教老师签字		年　月　日

续表

实习医院	学生实习总成绩（由护理部、科教科领导按优、良、中、及格、不及格）填写： 护理部（科教科）领导签字 盖　　章 年　月　日
辅导员	签　　字 年　月　日
系部	领导签字 盖　　章 年　月　日
教务处	领导签字 盖　　章 年　月　日

备注：此表上交教务处存档，实习成绩按优、良、中、及格、不及格填写

毕业实习工作流程

一、自主实习办理流程

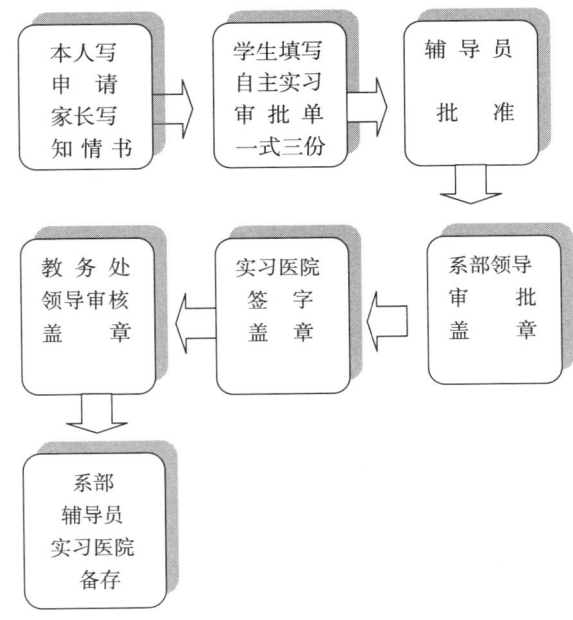

二、转实习办理流程

（护理系学生除外）

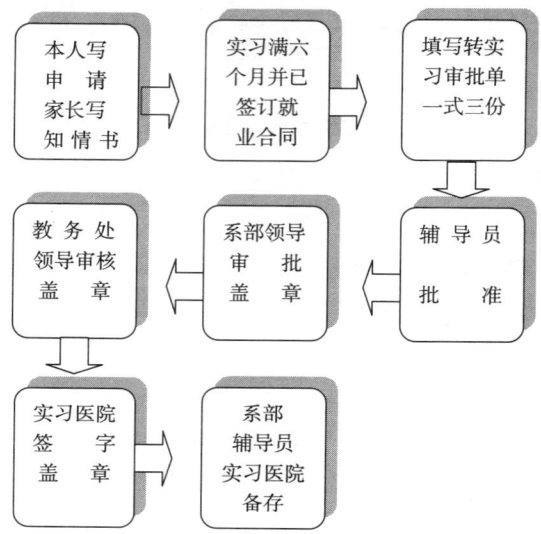

三、实习期间请假流程

（请假三天及以上）

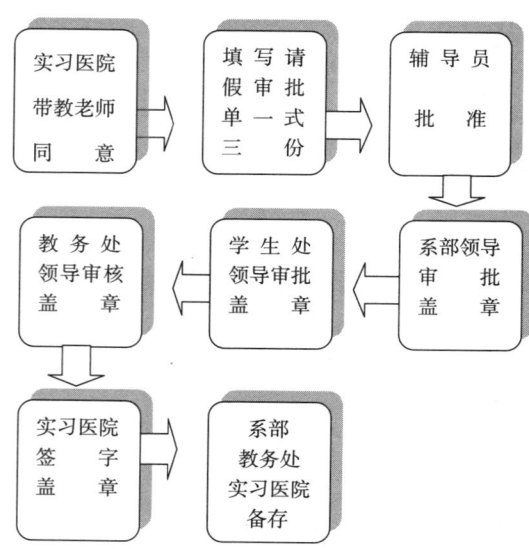